Christian Feldmann

Mutter Teresa

HERDER spektrum

Band 4855

Das Buch

Mutter Teresa von Kalkutta, der „Engel der Armen": klein von Gestalt, und eine der herausragendsten Vorbildfiguren des 20. Jahrhunderts. Sie hat der Menschlichkeit einen Namen gegeben, sie hat sich dem Leiden ausgesetzt und für die eingesetzt, die keiner sonst auch nur ansah. Als sie im September 1997 siebenundachtzigjährig starb, war die ganze Weltöffentlichkeit betroffen. Wie keine andere Persönlichkeit hat sie Mitgefühl und Liebe verkörpert. Sie hat sich engagiert bis an die äußersten Grenzen menschlicher Möglichkeiten. Mit liebevoller, unbedingter Dynamik, politischer Klugheit und einer inneren Kraft, die auf ihrem tiefen Glauben beruhte, veränderte sie nicht nur das Leben der vielen Menschen in den Slums von Kalkutta, denen sie konkret beistand und für die sie die Schwesterngemeinschaft „Missionarinnen der Nächstenliebe" gründete. Sie verwandelte das Leben jedes Menschen, der ihr begegnete, und berührte viele, die von ihr hörten. Nur wenige Jahre nach ihrem Tod wurde sie 2003 selig gesprochen
„Sie führte, indem sie diente und uns die erstaunliche Macht einfacher Demut zeigte. Ihr unbesiegbarer Glaube berührte die Leben von Millionen Menschen." *(Bill Clinton)*
Feldmanns Buch „zeichnet sich ... durch einen packenden Reportagestil aus" (*dpa*): Der Autor zeigt in dieser Biographie den Weg, die Persönlichkeit, die Anliegen, die Kraftquellen, das Engagement und das Vermächtnis Mutter Teresas auf – von der Kindheit und Jugend im bürgerlichen Elternhaus in Skopje über den Entschluß, Nonne zu werden, ihre erste Zeit in Indien als Lehrerin an der Ordens-High-School *St. Mary* in Kalkutta und schließlich ihren Weg in die Slums der Stadt. Fünzig Jahre lang, bis zu ihrem Tod, arbeitete sie dort und baute eine Schwesterngemeinschaft auf, die von Indien aus weltweite Aktivitäten entfaltete. „...in diesem Buch ...kann ihr jeder begegnen und wird sie nicht mehr vergessen!" *(Kirche Intern, Wien)*

Der Autor

Christian Feldmann, geb. 1950, Journalist, Theologe und freier Schriftsteller, ist als Autor biographischer Bücher und Hörfunkessays weithin bekannt. Bei Herder spektrum: „Wir hätten schreien müssen – Das Leben des Dietrich Bonhoeffer" (Band 4610) und „Hildegard von Bingen – Nonne und Genie" (Band 4435).

Christian Feldmann

Mutter Teresa

Die Heilige von Kalkutta

HERDER
FREIBURG · BASEL · WIEN

Gedruckt auf umweltfreundlichem,
chlorfrei gebleichtem Papier

3. Auflage

www.herder.de
Titel der Originalausgabe:
Die Liebe bleibt – Das Leben der Mutter Teresa
Herstellung: fgb · freiburger graphische betriebe 2004
www.fgb.de
Umschlaggestaltung und Konzeption:
R·M·E München / Roland Eschlbeck, Liana Tuchel
Umschlagbild: © Hilmar Pabel, Rimsting
ISBN 3-451-04855-8

Inhalt

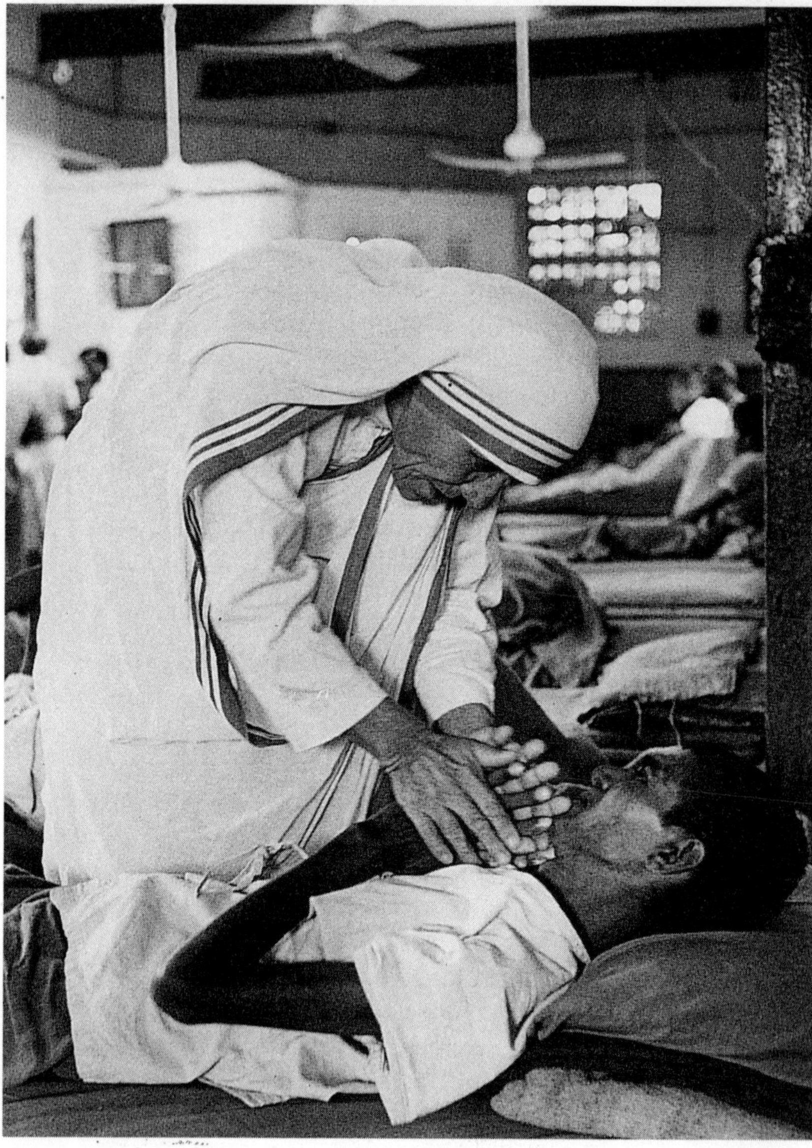

In der Sterbehalle in Kalkutta

Prolog

In der Kanalisation von Kalkutta mit ihren 515 Kilometern Röhren, den Staubecken und Pumpwerken riecht es stellenweise so bestialisch nach Verwesung, daß die Kanalarbeiter regelmäßig streiken. Schuld daran sollen die aufgeschwemmten Leichname sein, die von ihren Angehörigen in die Kloaken geworfen werden, weil sie sich das Holz für die Verbrennung nicht leisten können.

Kalkutta, eine Stadt wie ein Alptraum. Ein stinkendes Grab, eine aus allen Nähten platzende Hölle, wo Massen todgeweihter, ausgemergelter Menschen um ein paar Quadratmeter Lebensraum kämpfen. Die Behörden haben in der 15-Millionen-Metropole mehrere tausend Slums registriert.

Sie sind zwischen moderne Hochhäuser und Einkaufszentren hineingepfercht, tauchen plötzlich wie Gespensterdörfer hinter gepflegten Reihenhaussiedlungen auf. Malerische Paläste und von Jammergestalten bevölkerte Müllhalden liegen dicht nebeneinander.

Über den endlosen Elendsvierteln steigt dumpfer Fäulnisgeruch auf. Die Jutesäcke oder Plastikplanen, mit denen die Blechschuppen und Bambushütten abgedeckt sind, bieten kaum Schutz gegen den sintflutartigen Monsunregen.

Und doch darf sich glücklich schätzen, wer so eine lächerliche Behausung sein eigen nennt, denn die wirklich Armen wohnen auf den Bürgersteigen und Verkehrsinseln. Dort werden sie geboren, dort leben, schlafen und sterben sie.

Auf feuchten Lehmwegen, in verdreckten Ladenpassagen lagern diese menschlichen Wracks, ausgezehrt, hungrig, von der Cholera oder Malaria gezeichnet. Fliegen wimmeln in offenen Wunden.

Aus einem überquellenden Mülleimer dringt schwaches Wimmern. Eine junge Frau im weißen Sari horcht kurz auf, dann eilt sie zu dem Abfallhaufen und holt einen nackten Säugling aus dem Müll, ein Häufchen Haut und Knochen, das sie behutsam in ihrem Arm birgt.

Ein paar Meter weiter finden die weißgewandeten Helfer ein gespenstisches Gerippe, pergamentene Haut über einem spitz hervorstehenden Skelett, einen Menschenrest, in dem noch Leben zu sein scheint. Die Maden beginnen ihn bereits seiner Haut zu entblößen. Die Mädchen im Sari tragen den Greis in eine schattige Halle, füttern ihn, waschen den armseligen, verkoteten Körper. Eine alte Frau zieht ihm die Würmer aus den Wunden.

„Wie kannst du meinen Gestank ertragen?“ flüstert der todkranke Mann mit schwacher Stimme, in fassungslosem Staunen.

„Das ist doch gar nichts gegen die Schmerzen, die du haben mußt“, antwortet seine Pflegerin.

„Du bist nicht von hier“, wundert sich der Alte. „Die Leute hier machen das nicht, was du tust.“ Sterbend versucht er zu lächeln: „Gepriesen bist du!“

„Nein“, widerspricht die Frau im Sari und lächelt zurück. „Gepriesen bist du, weil du mit Christus leidest.“

Die unscheinbare Frau am Sterbebett, die dem elenden Bündel Mensch wenigstens in der letzten

Stunde seine Würde zurückgegeben hat, ist Mutter Teresa, die Gründerin der *Missionaries of Charity*, der Missionsschwestern der Liebe.

In Indien (und anderswo) werde zwar viel von gigantischen Entwicklungsprogrammen geredet, meint sie. „Aber es geschieht wenig. Wir brauchen Leute, welche die Ärmel aufkrempeln und sich nicht zu schade sind, sich in der Gosse die Finger schmutzig zu machen, Lumpen von schwärenden Wunden zu reißen, Sterbende von Kot, Urin und Ungeziefer zu säubern, Leprakranke zu füttern und die Leichen von weggeworfenen Säuglingen aus Müllkästen zu holen. Wer sich das zutraut, der ist bei mir immer willkommen!"

1

„Auch ich bin ein Offizier" –

Der Ruf, Christus in die Slums zu folgen

„Bemerkenswert ist,
daß sie normal war"
Eine Mitschwester aus Dublin

Sie muß ein quicklebendiges Kind gewesen sein, überhaupt kein langweilig-durchgeistigter kleiner Engel. Ihr Bruder Lazar hat sie als blitzgescheit und redegewandt in Erinnerung: „immer selbstsicher, pfiffig, niemals wortkarg und ohne Menschenfurcht".

Und ziemlich frech! Lazar: „Sie neckte mich immer, suchte Streit, schlug mich, um mich herauszufordern, warf mich zu Boden, obwohl sie viel kleiner und zwei Jahre jünger war als ich."

Damals hieß die spätere Mutter Teresa noch Agnes Gonxha Bojaxhiu. In einem gutbürgerlichen albanischen Elternhaus war sie am 26. August 1910 zur Welt gekommen, im damals türkisch beherrschten, dann jugoslawischen Skopje; heute ist es die Hauptstadt des unabhängigen Mazedonien. In Skopje begegneten sich zu dieser Zeit Kreuz und Halbmond, muslimische Minarette standen neben der Kirche vom Heiligen Erlöser. Fünf Jahrhunderte lang hatte die Stadt zum Osmanischen Reich gehört.

Albanisch und katholisch – in Skopje gehörte die Familie Bojaxhiu gleich doppelt zur Minderheit; Te-

Mutter Teresa als junge Frau

resas späteres unbeirrtes Festhalten an ihren Überzeugungen und ihre zähe Durchsetzungskraft haben hier ihre Wurzeln. Doch beruflich war der Vater durchaus erfolgreich: Er führte ein Architekturbüro und wurde Mitinhaber einer gutgehenden Baufirma. Als er starb, war Agnes erst neun Jahre alt. Die Mutter mußte ihre beiden Mädchen und den Sohn Lazar allein großziehen; praktisch veranlagt, eröffnete sie ein Geschäft mit Stoffen und Stickereien.

Agnes' Jugendfotos zeigen ein ausgesprochen hübsches Mädchen mit ein wenig träumerischen Augen. Sie besuchte die Höhere Schule – was nur ganz wenige albanische Mädchen in Skopje taten –, zeigte Begabung für Musik. Sie hatte eine auffallend reine Sopranstimme, sang im Gemeindechor und in einem katholischen Jugendchor, glänzte bei Konzerten als Solistin und in Duetten mit ihrer Schwester. Und wenn sie mit Freundinnen Ausflüge machte, hatte sie meist ein Akkordeon oder eine Mandoline dabei.

An ein Leben im Kloster dachte Agnes damals noch nicht, obwohl sie sich brennend für die Arbeit der Missionare interessierte. Der albanische Katholizismus war ziemlich traditionsverhaftet, und natürlich begeisterte man sich auch im Hause Bojaxhiu für die Ausbreitung des Königreiches Christi über die ganze Erde – wie Rom damals Mission definierte.

Als Papst Pius XI. 1925 das „Christkönigsfest" einführte (als Signal gegen die Säkularisierung des öffentlichen Lebens, aber auch als Antwort auf den totalen Machtanspruch des heraufziehenden Faschismus), war Agnes gerade 15 Jahre alt. Sie verschlang die Berichte jugoslawischer Jesuiten, die im bengalischen Gangesdelta und im Himalaya tätig waren.

Drei Jahre später dann doch die Entscheidung für ein Leben in der Bengalenmission. Ihr großer Bruder

Lazar war wie vor den Kopf geschlagen. „Wie kannst Du Nonne werden?" schrieb er ihr entsetzt. „Weißt Du, was Du tust, daß Du Dich für immer opfern, Dich lebendig begraben willst?"

„Ihre Antwort", erinnert er sich später, „werde ich nie vergessen. Ich kam soeben aus der Militärakademie in Albanien und war vor kurzem zum Leutnant befördert worden. Ich war mächtig stolz und sehr glücklich. ‚Du nimmst Dich so wichtig als Offizier im Dienst eines Königs von zwei Millionen Menschen', schrieb sie. ‚Nun, auch ich bin Offizier, aber um dem König der Welt zu dienen. Wer von uns hat recht?'"

Das ist schon die ganze Mutter Teresa, wie man sie bald kennenlernen sollte: selbstbewußt und demütig zugleich, unbeirrt bis zur Sturheit – und entwaffnend in ihrer scheinbaren Naivität. Den Bruder hat sie schnell überzeugen können. Er räumt ein, ihr Entschluß sei im Grunde ganz logisch gewesen, inmitten einer Familie, in der Armen und Ausgestoßenen immer geholfen worden sei.

Lazar: „Ich erinnere mich, daß meine Mutter einmal von einer armen Frau aus Skopje hörte, die an einem Tumor litt. Sie hatte niemand, der sie pflegte. Ihre Familie wollte sie nicht mehr, verweigerte ihr jede Hilfe und hatte sie sogar hinausgeworfen, das alles wegen einer banalen Geschichte. Meine Mutter hat sie bei sich aufgenommen, sie ernährt und gepflegt, bis sie geheilt war. Sie sehen also, ‚Teresa' entstand nicht von einem Tag zum andern, sie fiel nicht vom Himmel."

Die High School der reichen Bürgertöchter

Die Trennung vom Elternhaus, in dem sie so glücklich gewesen war, fiel Agnes außerordentlich schwer. Am 29. November 1928 trat sie bei der *Loreto-Kongre-*

gation ein, besser bekannt unter dem Namen *Englische Fräulein*, ein pädagogisch tätiger Orden, dessen Mitglieder nach der Jesuitenregel leben.

Die Gründerin Mary Ward stammte aus uraltem Adel in der englischen Grafschaft Yorkshire und war ein ähnlich eigensinniger Querkopf wie ihre späte albanische Jüngerin. Anfang des 17. Jahrhunderts scharte sie ein paar tollkühne Freundinnen um sich und schuf eine bewegliche Einsatztruppe im Dienst der Jugend und der Seelsorge, ohne Klausur und Ordenstracht mitten in der „Welt" arbeitend. Sie richtete Tagesschulen für Mädchen aus den unteren sozialen Schichten ein und entwickelte eine zukunftsweisende Pädagogik: Eingehen auf den einzelnen statt eines starren Schemas, Freude am Lernen statt Zwang und Prügel.

Ihre energische, zupackende, an irdischen Nöten orientierte Form von Religiosität erschien freilich ebenso verdächtig wie der unabhängige Arbeitsstil des neuen Ordens. Der päpstliche Nuntius Pallotta hielt derlei Aktivitäten ohne männliche Führung „bei diesem zum Irrtum neigenden Geschlecht" für überaus gefährlich; hohe englische Kleriker schrieben wütende Beschwerdebriefe nach Rom; und ein einflußreicher Jesuit meinte gönnerhaft: „Schön und gut – aber der Eifer verpufft, und schließlich sind es doch nur Weiber."

Die Gründungsgeschichte der Kongregation, in die Agnes Bojaxhiu 1928 eintrat, gleicht einem Trauerspiel – das strenge römische Verbot, die aufmüpfige Mary Ward als Stifterin der *Englischen Fräulein* zu bezeichnen, war erst 1909 aufgehoben worden. Doch als Agnes im Dubliner Kloster Rathfarnham ankam, wo sie die ersten Monate blieb, fand sie eine vitale Gemeinschaft vor; von Rathfarnham aus waren in wenigen Jahrzehnten 40 Schulen in den USA, Kanada und Australien gegründet worden.

Das Mutterhaus der *Loreto Nuns* in Dublin wirkt heute noch wie ein Schloß aus viktorianischer Zeit, ein Riesenbau, in dem man sich verirren kann, ehrfurchtgebietend, nicht sehr wohnlich. Ihren Mitschwestern erschien die junge Albanerin ziemlich scheu und in sich gekehrt; kein Wunder, sie sprach ja noch kaum ein Wort Englisch. „Bemerkenswert ist, daß sie normal war", gibt eine der Dubliner Nonnen zu Protokoll, und es klingt wie ein Kompliment.

Agnes hatte gar keine Zeit, sich einzugewöhnen; wenige Wochen, und man schickte sie nach Indien, in das Noviziat von Darjeeling, 2000 Meter hoch im Himalaya gelegen. Die Briten hatten die Stadt als Sommerfrische gegründet, und als Agnes dort in die Geheimnisse des Ordenslebens eingeführt wurde, flohen der Gouverneur von Bengalen und die reiche Oberschicht von Kalkutta regelmäßig vor der feuchten Gluthitze nach Darjeeling. Sie ritten aus, dinierten im Club, tranken auf dem makellos grünen Rasen des Regierungspalastes Tee: nonchalanter Lebensgenuß nach englischer Art auf dem Dach der Welt. Von Darjeeling aus führt eine Karawanenstraße über schneebedeckte Gebirgspässe nach Tibet.

1931 legte Agnes Bojaxhiu ihre Ordensgelübde ab – noch zeitlich befristet, die ewigen Gelübde kamen erst 1937 hinzu – und nahm den Ordensnamen Teresa an. Aus respektvoller Sympathie gegenüber der „kleinen" heiligen Therèse von Lisieux, mit der sie einiges gemeinsam hatte: den Dickkopf, die Vorliebe für einfache Problemlösungen und – die stürmische Leidenschaft für Gott.

Die frischgebackene Schwester Teresa wurde an die ordenseigene *St. Mary's High School* im 700 Kilo-

Mutter Teresa als Lehrerin im Kollege St. Mary

meter entfernten Kalkutta geschickt, wo sie die nächsten zwei Jahrzehnte Erdkunde und Geschichte unterrichtete und bis zur Schuldirektorin aufstieg. Die 500 Schülerinnen kamen aus der schmalen bürgerlichen Oberschicht Kalkuttas, Kloster und Internat bildeten für bengalische Verhältnisse einen angenehmen Aufenthalt. Gepflegter Rasen, guterzogene Mädchen in adretten Schuluniformen.

Teresa, die mittlerweile ganz gut Hindi und Bengali sprach, war eine hervorragende Lehrerin. Unterrichten sei ihre Lieblingsbeschäftigung, gestand sie später einmal in einem Interview, als sie längst ihre *Missionaries of Charity* gegründet hatte und ihr keine Gymnasiastinnen mehr zu Füßen saßen, sondern junge Ordensschwestern. Führungsqualitäten hatte sie nicht nur als Schulrektorin erwerben können; sie leitete auch die *Töchter der heiligen Anna*, eine indische Kongregation, die den Loreto-Schwestern angeschlossen war.

Der Slum hinter der College-Mauer

Indiens verschwindend kleine katholische Minderheit – 1,7 Prozent der Bevölkerung – war zu jener Zeit ganz von der kräftigen Finanzhilfe aus Europa und den USA geprägt; daran hat sich bis heute wenig geändert. Christliche Bildungsanstalten und Spitäler genießen zwar hohes Ansehen, aber die katholischen Eliteschulen nehmen in der Regel nur Kinder gutbetuchter Eltern auf.

Bischofsresidenzen und Priesterseminare gleichen häufig Palästen – in einem Land, in dem jeder zweite nicht einmal über das Existenzminimum verfügt. Erst in den letzten Jahrzehnten wurde der Weg zu einer armen Kirche beschritten, begannen junge Priester, in die Elendsviertel zu gehen, teilten Christenfamilien das Leben der weggeworfenen Ärmsten. Mittlerweile gibt es Priester und Bischöfe aus den Reihen der *Dalits*, der kastenlosen Parias, die das Evangelium als hochpolitische Befreiungsbotschaft lesen und für die Überwindung des unmenschlichen Klassensystems kämpfen.

Auch Schwester Teresa konnte nicht blind bleiben. Gleich hinter den Mauern der High School erstreckt sich ein riesiger Slum mit dem perversen Namen *Moti Jheel*, Perlsee, und der Pestgeruch des Elends drang in den Collegebezirk. Schwester Teresa nahm ein paar Schülerinnen, rüstete sie mit Jod und Verbandszeug aus und durchstreifte den Slum. Sie entdeckte die Armen, half, wo sie nur konnte, schleppte Lebensmittel und Kleidung in die trostlosen Hütten, machte sich im bescheiden ausgestatteten Krankenhaus des Bezirks nützlich – und hatte ein schlechtes Gewissen, wenn sie in ihr schön möbliertes Kloster zurückkehrte.

Gott wollte mehr von ihr, das spürte sie immer deutlicher. Beten, Mitleid, ein paar Besuche – das genügte nicht mehr. Ihre Ausflüge nach *Moti Jheel* erschienen ihr lächerlich und sinnlos. Eine Zeitlang hatte sie zwei Dutzend Mädchen aus dem Slum in das College geholt und unterrichtet. Doch die zerlumpten Geschöpfe fühlten sich in der gepflegten Umgebung so unwohl, daß sie bald wegblieben. Der Christus der Loreto-Schwestern war wohl nur für die Reichen zuständig!

Am 10. September 1946, Teresa ist 36 Jahre alt, faßt sie während einer nächtlichen Eisenbahnfahrt den Entschluß, noch einmal „auszusteigen", der Entscheidung für die harte Existenz im Orden eine noch härtere hinzuzufügen. „Ich mußte das Kloster verlassen und den Armen helfen, indem ich unter ihnen lebte", so nüchtern wird sie später beschreiben, was in dieser Nacht über sie hereinbrach. „Ich hörte den Ruf, alles aufzugeben und Christus in die Slums zu folgen, um ihm unter den Ärmsten der Armen zu dienen. Ich wußte, es war sein Wille, und ich mußte ihm folgen."

„Lieber Gott, Du großer Heiler,
ich knie vor Dir,
denn jede vollkommene Gabe
muß von Dir kommen.

Ich bitte Dich, schenke
meinen Händen Geschicklichkeit,
meinem Verstand Scharfblick
und meinem Herzen
Mitgefühl und Sanftmut.
Verleihe mir Zielstrebigkeit,
die Kraft, einen Teil der Last
meiner leidenden Mitmenschen
auf mich zu nehmen,
und die wahre Erkenntnis der Ehre,
die mir zuteil wird.
Nimm alle Falschheit und
alles weltliche Verlangen
aus meinem Herzen,
damit ich mit dem schlichten Glauben
eines Kindes auf Dich vertrauen kann."

„Bekehrung" im Nachtzug

Genau datierte „Bekehrungen" wie die vom 10. September 1946 sind in der Geschichte der Christenheit gar nicht so selten.

Franz von Assisi hörte im heruntergekommenen Portiunkula-Kirchlein die Worte, mit denen Jesus seine Jünger zum Predigen ausgeschickt hatte: „Geht und verkündet: Das Himmelreich ist nahe ... Nehmt keine Vorratstasche mit auf den Weg, kein zweites Hemd, keine Schuhe, keinen Wanderstab ..." Franz war wie vom Donner gerührt. „Das ist es, was ich suche!" rief er, warf die Schuhe weg, zog die braune Kutte der Berghirten an und begann, singend und predigend über die Dörfer zu ziehen, ein verrückter Vogel voller Glück.

Bei Augustinus soll es eine depressive Anwandlung im Garten, unter einem Feigenbaum, gewesen sein und der monotone Singsang eines Kindes aus dem Nachbargrundstück: „Nimm und lies, nimm und lies ..." Augustinus stand auf, holte sich einen Band mit den Paulusbriefen und stieß beim Aufschlagen auf die Stelle: „Schluß mit Freß- und Saufgelagen! Schluß mit Unzucht und Ausschweifung! Schluß mit Streit und Eifersucht! Legt den Herrn Jesus Christus an ..." Ruhig ging er zu einem Freund, erzählte ihm die Sache. In den folgenden Tagen löste er sich aus allen Bindungen, legte sein Lehramt nieder, verkaufte den väterlichen Besitz und baute eine Wohngemeinschaft Gleichgesinnter auf, eine Mischung aus Kloster und Philosophenakademie.

Blaise Pascal, der geniale Mathematiker und Ingenieur, hatte in der Nacht des 23. November 1654 so eine bezwingende Erfahrung. „Von ungefähr abends zehneinhalb bis ungefähr eine halbe Stunde nach Mitternacht: Feuer", notierte er auf einen Zettel, den er im Rockfutter eingenäht ständig bei sich trug wie eine Reliquie: „Gott Abrahams, Gott Isaaks, Gott Jakobs, nicht der Philosophen und der Gelehrten. Gewißheit, Gewißheit. Freude, Freude, Freude,

Tränen der Freude ... Möge ich nie von ihm geschieden sein!"

Natürlich stecken hinter solchen Momentaufnahmen Prozesse eines zähen Ringens, das Jahre dauern mag und auch Verzweiflungsphasen und Rückschläge kennt. Bekehrungen dauern oft ein ganzes Leben – aber es kommt vor, da bündeln sie sich in so einem einzigen, die ganze Existenz umkrempelnden Erlebnis. Bei Mutter Teresa war es ein Zugabteil zwischen Kalkutta und Darjeeling.

„Es war ein Ruf innerhalb meiner Berufung", so hat sie selbst diese Nacht eingeordnet. „Es war eine zweite Berufung."

Ob sie an jene Nacht gedacht hat, als sie viel später die Begegnung Marias mit dem Verkündigungsengel zu beschreiben versuchte? „Der Fürst des Friedens sehnte sich danach, auf die Erde zu kommen, und bediente sich eines Engels, um die Frohe Botschaft zu bringen: Der Schöpfer macht sich zum Kind. Er fühlte sich angezogen von einem Mädchen, das in den Augen der Welt ein Nichts war .... Es blickte den Engel an (es muß sehr überrascht gewesen sein, denn es hatte noch nie einen Engel gesehen) und fragte: Wie? Was sagst du? Ich verstehe deine Worte nicht; sie haben für mich keinen Sinn. Der Engel aber sagte einfach, Christus werde sich – in der Kraft des Heiligen Geistes – in ihm formen."

„Gott nahm einen kleinen Leib an", fährt Teresa fort, „einen so kleinen Leib. Und wir finden es so schwierig, klein zu werden. Jesus aber sagt uns: Wenn ihr nicht klein werdet wie Kinder, werdet ihr nicht in das Reich Gottes eingehen. Maria wußte das und antwortete: Ja, siehe, ich bin die Magd des Herrn."

Der Erzbischof von Kalkutta lehnte Teresas Gesuch, das Ordenshaus verlassen zu dürfen, zunächst ab. Eine Europäerin, so meinte er wohl, würde in den Slums nicht akzeptiert. Schließlich gärte es in Indien; die Briten bereiteten sich darauf vor, das Land in die Unabhängigkeit zu entlassen, wilde Emotionen gegen alles Europäische kochten hoch, zwischen den Hindus und der moslemischen Minderheit kündigte sich ein gnadenloser Bürgerkrieg an.

Erzbischof Perier, ein Jesuit, war selbst Europäer, aber einer, der über den Tellerrand herkömmlicher Missionsarbeit hinaussah und in einem konsequent indischen Katholizismus die einzige Überlebenschance der Kirche in einem unabhängigen Indien erblickte. Schon zwanzig Jahre vor dem Konzil hatte er 1944 in einem aufsehenerregenden Vortrag gegen jede „Enge und Ausschließlichkeit" in der Mission argumentiert; künftige Priester müßten mit der indischen Kultur und Philosophie vertraut sein. Gerade weil er ähnlich aufgeschlossen dachte wie Teresa, mußte Perier ihren Plänen skeptisch gegenüberstehen: schon wieder eine Importidee aus Europa!

Außerdem gab es schon so verwirrend viele Frauenorden. Würde es nicht genügen, die Arbeit der *Töchter der heiligen Anna* unter den Armen zu intensivieren? Sie sprachen Bengali, trugen indische Kleidung, lebten äußerst schlicht. Doch Teresa war die bewährte Truppe nicht beweglich genug. Und an die lebendig verfaulenden Wracks auf den Müllkippen und in den schlimmsten Ecken der Slums kamen auch diese verhältnismäßig abgebrühten Engel in Menschengestalt nicht heran.

Teresa hatte volles Verständnis für die Bedenken

des Erzbischofs: „Er hätte nicht anders reagieren können“, meinte sie. „Ein Bischof kann nicht jeder beliebigen Nonne Glauben schenken, die sich mit eigenwilligen Projekten unter dem Vorwand präsentiert, es sei der Wille Gottes.“ Mit der kirchlichen Obrigkeit, auch wenn sie ihren Elan aus irgendwelchen Gründen zu bremsen suchte, hatte Teresa nie Probleme; ihre Linientreue erklärt sich wohl auch aus ihrer Bescheidenheit: Will ich, eine kleine Ordensfrau, klüger sein als Mutter Kirche mit ihrer zweitausendjährigen Erfahrung?

Was nichts an der Hartnäckigkeit änderte, mit der sie für ihre Ideen warb, wenn sie sich einmal etwas in den Kopf gesetzt hatte: Demütig, aber unbeirrt wiederholte Teresa ein Jahr später ihre Bitte, als Millionen Flüchtlinge aus dem neuentstandenen Pakistan nach Kalkutta strömten und die Stadt fast zum Bersten brachten.

Diesmal wandte sie sich, mit Zustimmung des Erzbischofs und der Generaloberin der *Loreto Nuns*, nach Rom – und erhielt postwendend Antwort: Papst Pius XII. hieß ihre Absicht gut, unter den Armen zu leben, „mit Gott als einzigem Beschützer und Führer“. Ihre Schülerinnen bereiteten ihr ein melancholisches Abschiedsfest. „Wir sangen etwas Schönes auf Bengali“, erinnert sich eine, „es waren Abschiedslieder. Die Kinder schenkten ihr etwas, und alle weinten. Vom Abschiedsempfang ging sie dann, glaube ich, in die Kirche und von da aus fort. Wir sahen sie nicht wieder.“

Teresa vertauschte die Ordenstracht der Loreto-Schwestern mit dem Sari der Armen Indiens, weiß mit blauer Borte, nach unserer Währung zwei Mark wert. Am 18. August 1948 stand sie mutterseelenallein vor der Klostermauer, ohne Geld, ohne Wohnung, ohne Ausbildung als Krankenschwester oder

Sozialarbeiterin, ohne detaillierte Pläne – aber mit dem sicheren Gefühl: „Gott geht mit mir. Das ist sein Werk."

„Das Leben ist Schönheit, bewundere sie.
Das Leben ist Seligkeit, genieße sie.
Das Leben ist ein Traum, mach daraus Wirklichkeit.
Das Leben ist eine Herausforderung, stelle dich ihr.
Das Leben ist eine Pflicht, erfülle sie.
Das Leben ist ein Spiel, spiele es.
Das Leben ist kostbar, geh sorgfältig damit um.
Das Leben ist Reichtum, bewahre ihn.
Das Leben ist Liebe, erfreue dich an ihr.
Das Leben ist ein Rätsel, durchdringe es.
Das Leben ist ein Versprechen, erfülle es.
Das Leben ist Traurigkeit, überwinde sie.
Das Leben ist eine Hymne, singe sie.
Das Leben ist Kampf, akzeptiere ihn.
Das Leben ist Tragödie, ringe mit ihr.
Das Leben ist ein Abenteuer, wage es.
Das Leben ist Glück, verdiene es.
Das Leben ist das Leben, verteidige es."

2

„Töten Sie es nicht, geben Sie es mir" –

Die Kinder von der Müllkippe

„Es war hart.
Aber sie wollte,
daß es hart war"
Schwester Bernard

In Patna macht sich Teresa bei den *American Medical Missionary Sisters* in Elementarkursen mit Hygiene, Krankenpflege und Hebammenarbeit vertraut. Die Schwestern führen in der Universitätsstadt am Ganges ein Krankenhaus, das den allerbesten Ruf genießt; ihre Oberin ist ähnlich eigenständige Wege gegangen wie Teresa und hat den Vatikan mit ihrem Wunsch in Erstaunen gesetzt, eine chirurgische und gynäkologische Station zu eröffnen.

Wieder zurück in Kalkutta, zieht Teresa mitten im Slumbezirk *Tiljala* – eine der verrufensten Adressen der Stadt – zu einer siebenköpfigen Familie, sucht sich ein paar Kinder aus der Nachbarschaft zusammen und bringt ihnen das Alphabet bei. Mit einem Stecken kratzt sie die Buchstaben in den Lehmboden. Stühle, Bänke, eine Tafel gibt es nicht.

Sie zeigt den Kleinen, wie man sich wäscht, schenkt ihnen ein Stück Seife – in *Tiljala* eine unbekannte Kostbarkeit – zur Belohnung, wenn sie aufmerksam sind. Mittags verteilt sie Milch an ihre Schützlinge. Sie geht betteln, um halbverhungerten Familien Essen bringen zu können. Sie pflegt Kranke, besucht die Spitäler.

Mehr als einmal droht die einsame Schwester zusammenzubrechen. Was ist ihr hilfloses Laufen von Not zu Not gegen das allgegenwärtige geballte Elend, das wie eine finstere Todeswolke über ganz Kalkutta lastet und jede Hoffnung erdrückt?

In der Hölle gibt es keine Hoffnung

Die Slums der Alptraumstadt: Unter einer Brückenauffahrt bauten sich erfinderische Habenichtse ihre lächerlichen Wohnungen. Aus Lehm und Straßenkot haben sie hauchdünne Wände geknetet, darüber zerschlissene Teesäcke gelegt. Ein paar Meter höher flutet der brüllende Verkehr.

Die Slums von Kalkutta: Jeder dritte Bürger der Riesenstadt lebt angeblich vom Müll. Die Menschen sammeln Glasscherben und Plastiktüten, handeln mit schmutzigem Schrott, flechten Matten aus grünen Kokosschalen, kleben Tüten aus alten Zeitungen.

Und doch gibt es Schönheit in dieser Stadt. Der Blumenmarkt erstrahlt in einer unirdischen Farbenpracht aus Dunkelrot und Knallgelb, sattem Violett und leuchtendem Orange. Die Innenhöfe der bengalischen Paläste sind mit den Palazzi von Genua und Florenz verglichen worden. Viktorianische Behördenbauten, die neugotische St. Pauls-Kathedrale und prächtige Gärten erinnern an die Zeit, als Kalkutta die zweitgrößte Stadt des britischen Empire war und hier ein Generalgouverneur residierte.

Aber an den Portalen der heute noch von den Reichen bewohnten feudalen Paläste lungern die Bettler herum, und in den Elendsvierteln warten Millionen auf einen unspektakulären Tod im Dreck; in diesem Leben, das wissen sie, werden sie nie eine Chance bekommen. Die einsame Nonne Teresa ist ausgezogen, ein Stück der trostlosen Realität zu verändern; aber bald stürzt sie in bittere Verzweiflung. Welchen Sinn hat es, da und dort eine Bresche in die Mauer aus Trostlosigkeit und Gewalt zu schlagen? Wem hilft es, ein winziges Eckchen dieser Hölle freundlicher zu gestalten, wenn auf breiter Front weiter das Grauen regiert?

„Heute lernte ich eine schwere Lektion", erinnerte sie sich später an eine solche Phase tiefster Depression. „Die Armut der Armen muß so hart für sie sein. Als ich ein Haus für meine Niederlassung suchte, wanderte und wanderte ich, bis meine Arme und Beine schmerzten. Ich dachte, wie sehr sie an Seele und Leib Schmerzen erdulden müssen, wenn sie einen Schlafplatz, etwas zu essen und Geborgenheit suchen. Dann kam die Geborgenheit Loretos wie eine Versuchung über mich ... Loreto zu verlassen war für mich das größte Opfer, das Schwierigste, was ich je getan habe. Viel schwieriger, als meine Familie und meine Heimat zu verlassen, um in den Orden einzutreten. Loreto bedeutete für mich alles."

Die Eltern waren entsetzt

Vielleicht hätte Teresa trotz der ihr eigenen Verbissenheit nicht durchgehalten – wären da nicht die jungen Mädchen gewesen, die dachten wie sie, die sich ihr anschlossen und genauso zäh gegen die Not kämpften, die ihnen von jeder Straßenecke entgegenschrie. Die meisten waren ehemalige Schülerinnen Teresas aus der High School.

Ein paar Monate, nachdem sie ihr Werk in den Slums begonnen hatte, stand die erste vor der Tür: Subhasini Das, ein zierliches, hübsches Bengalimädchen, 19 Jahre alt, überaus schüchtern, aber von großer Willenskraft. Sie hatte Mutter Teresa so gern, daß sie später beim Ablegen der Gelübde deren Taufnamen wählte und fortan Schwester Agnes hieß.

Ein Jahr später waren es bereits 26 junge Frauen, die mit Teresa zu den Elenden gingen. Manche waren so blutjung, daß sie noch keinen Schulabschluß hatten; verständlich, daß die Eltern entsetzt reagierten. Teresa fand einen Ausweg: Sie gab die Mädchen, die ihr so ähnlich waren in ihrer spontanen Begeisterung, nicht wieder her – aber sie bestand darauf, daß sie ihr Examen machten, und paukte neben der Arbeit im Slum so gründlich mit den Kandidatinnen, daß sie alle mit Glanz und Gloria bestanden.

„Unsere Eltern meinten, daß das Lernen jetzt wichtiger sei als alles andere“, erinnert sich eine von ihnen. „Aber Mutter sagte: ‚Nein, nein, je eher ihr kommt, desto besser.‘ Sie sah jung aus und sehr dynamisch. Sie begeisterte uns. So schlossen wir uns ihr an, zuerst Schwester Agnes, dann Schwester Gertrude und Schwester Dorothy. Wir gingen zu zweien oder dreien gleichzeitig und bildeten eine Gruppe ....“

In ihrer ersten winzigen Niederlassung schliefen sie alle im selben Zimmer, wie die Sardinen in der Dose. Dann kam Teresa auf verrückte Weise – fromme Leute würden es ein Wunder nennen – zu jenem Gebäude in der *Lower Circular Road 54 A*, das heute noch das Hauptquartier der Gemeinschaft bildet: Ein wohlhabender Moslem wanderte nach Pakistan aus und verkaufte sein dreistöckiges Haus aus

Sympathie für sozial engagierte Katholiken zu einem Spottpreis an die Diözese Kalkutta.

Die aus ihren Bürgerfamilien ausgestiegenen Mädchen zogen den weißen Sari der Armen an, und 1950 wurde der neue Orden unter dem Namen *Carriers of Christ's Love in the Slums* gegründet: „Leute, die Christi Liebe in die Slums tragen". Bekannter geworden sind sie als *Missionaries of Charity*, als Missionarinnen der Liebe.

Eine lebensgefährliche Freundschaft

Zu den Inderinnen der ersten Stunde stießen bald Europäerinnen, Amerikanerinnen, Afrikanerinnen. Wer hier eintreten will, muß nicht viel mitbringen – körperliche und seelische Gesundheit, nüchternen Menschenverstand und ein robustes Gemüt, das sich das Lachen nicht so schnell austreiben läßt – und doch eine Kraft in sich tragen, die ein ganzes Leben unter oft extrem harten Bedingungen durchhält.

Um halb fünf Uhr morgens stehen sie auf, die Schwestern. Frühstück gibt es – wie in Klöstern und kirchlichen Gemeinschaften üblich – erst nach dem privaten Gebet, dem gemeinsamen Gottesdienst und der alltäglichen Hausarbeit. Dann verlassen sie mehr oder weniger munter das Haus, um in Schulen, Krankenstationen, Sterbehospizen zu arbeiten. Sie gehen grundsätzlich zu zweit, das hat die lebenskluge Mutter Teresa so festgelegt: „Im Notfall sind zwei Köpfe besser als einer, und vier Hände können mehr tun als zwei."

Der immer gleiche Streß wird nur von einer Gebetszusammenkunft am Nachmittag und einer stillen Anbetungsstunde am Abend unterbrochen. „Anders wäre es nicht möglich zu arbeiten", begründet Schwester Agnes das enge Ineinander von Aktion und Kontemplation. „Man muß ein geistliches Motiv haben."

Belastender als die oft eintönige Arbeit und der streng festgelegte Tageslauf ist vor allem für die Kandidatinnen aus den „besseren Kreisen" die Atmosphäre der Armut in den Häusern. „Wir wollen ganz leben wie die Armen", sagen die Schwestern, „damit wir wirklich spüren, wie ihnen zumute ist. Es ist ein großer Unterschied, für die Armen zu arbeiten und dabei in ganz annehmbaren Verhältnissen zu leben oder für sie zu arbeiten und dabei selbst ganz arm zu sein, wie wir es tun. Es ist schwieriger und härter, aber es ist auch wunderbar!"

Zusätzlich zu den drei bekannten Ordensgelübden macht jede *Sister of Charity* am Tag ihrer endgültigen Entscheidung Gott ein spezielles viertes Gelübde zum Geschenk: Sie verspricht lebenslangen, ausschließlichen Einsatz für die Ärmsten und Verzicht auf jeden materiellen Lohn. Das ist in der Praxis verdammt schwer, aber wie die gesellschaftspolitisch angeblich so naive Mutter Teresa immer wieder betonte, gibt die Weigerung, für die Reichen zu arbeiten, den Schwestern eine enorme Freiheit. Keine kompromittierenden Abhängigkeiten, kein Hineinreden großzügiger Geldgeber in ihren Dienst!

Die *Missionaries* verlassen sich keineswegs nur auf ihr gutes Herz; sie lernen grundsätzlich einen Beruf, um den Armen effektiv helfen zu können, als Krankenpflegerinnen, Lehrerinnen, Sozialarbeiterinnen. Manche studieren Medizin, einige Jura, um die Interessen der Ausgebeuteten zu vertreten. Mittlerweile betreiben sie Spitäler und Reha-Zentren für Leprakranke, mobile Kliniken, Apotheken, Häuser für behinderte Kinder und ledige Mütter, Nachtasyle für Obdachlose, Heime für Alkoholiker, Drogenabhängige, AIDS-Kranke, Tbc-Patienten, ausgesetzte Knirpse. Man findet die Schwestern in Gefängnissen und Sonntagsschulen. Sie bieten Vorschulprogramme und Gesundheitsvorsorge in den Dörfern an, organisieren Nähkurse und Bibelgruppen, kümmern sich um warmes Essen und Kleider für Slumbewohner.

Was mit einem vagen Gefühl des Mitleids begonnen haben mag, wird rasch zu einem knochenharten Job, kräftezehrend und schon auch mal lebensgefährlich: Als in Teresas Zentrum *Shishu Bhavan* in Kalkutta eines Tages die Lebensmittelvorräte ausgegangen waren und eine ständig wachsende Menschenmenge vergeblich auf die gewohnte warme Mahlzeit wartete, gingen ein paar ausgehungerte Rowdies in ihrer Verzweiflung auf die Schwestern los und versuchten, das Haus anzuzünden. Ein andermal fielen in der Nähe von Kalkutta Leprakranke, die mit dem ärmlichen Zustand ihrer Unterkunft unzufrieden waren, über ein paar von den *Missionaries* her, sperrten sie in einen Lieferwagen und schoben ihn auf einen Kanal zu; die Polizei konnte sie gerade noch vor dem Ertrinkungstod retten.

Teresa selbst wurde mehr als einmal massiv bedroht, unter anderem von wütenden Hindus, als sie ihr erstes Sterbehaus eröffnete, und ganz am Anfang ihrer Tätigkeit von einer Bande Halbwüchsiger, die sich regelmäßig vor der Niederlassung zusammenrottete. Schließlich stellte sie sich ihnen ganz allein entgegen, die kleine, zähe Frau, und zischte sie an: „Los, bringt mich doch um, wenn ihr wollt, aber stört nicht länger unsere Arbeit!“ Es wird erzählt, von da an seien die Strolche ihre Fans gewesen.

Im Hochland von Darjeeling zerstörte ein gewaltiger Erdrutsch etliche Dörfer und machte viele Menschen obdachlos. Teresa setzte sich sofort in einen Jeep und fuhr in das Katastrophengebiet. In einer scharfen Kurve kam ihr auf der engen Paßstraße ein Lastwagen entgegen; Teresa schlug mit dem Kopf gegen die Windschutzscheibe, erlitt eine schlimme Platzwunde. „Ein wenig tiefer, und sie hätte ein Auge verloren", erinnert sich einer ihrer Begleiter.

Es ist riskant, Freund der Armen zu sein.

„Er hat uns erwählt. Nicht wir als erste haben Ihn erwählt. Doch antworten sollen wir, indem wir aus unserer Kongregation etwas Schönes für Gott machen, etwas wahrhaft Schönes. Dazu müssen wir alles geben, was immer wir können. Sollen uns an Jesus klammern, uns um Ihn drängen, Ihn ergreifen und Ihn um nichts in der Welt entkommen lassen. Wir müssen uns verlieben in Ihn.
Unserer besonderer Auftrag besteht in der Arbeit am Heil und an der Heiligung der Ärmsten, nicht nur in den Barakkensiedlungen, sondern in der ganzen Welt, wo immer sie sich finden:
- *indem wir die Liebe Gottes in Gebet und Dienst leben, in einem von der Einfachheit und Demut des Evangeliums gekennzeichneten Leben;*
- *die Gegenwart Jesu in der Gestalt des Brotes lieben;*
- *Ihm in der armseligen Verkleidung der materiell und geistig Ärmsten unter den Armen dienend, indem wir in ihnen das Bild Gottes und die verlorene Ähnlichkeit mit Ihm erkennen und aufleben lassen. […]*

Wir heißen ‚Missionarinnen der Nächstenliebe'.
Eine Missionarin wird mit einem Auftrag gesandt, hat eine Botschaft zu verkünden. Genauso wie Jesus von seinem Vater gesandt war, sind auch wir von Ihm gesandt, sind von seinem Geist erfüllt, um Zeugen seines Evangeliums der Liebe und des Erbarmens zu sein: zuerst in unseren Gemeinschaften, dann im Bereich unseres Apostolats, mitten unter den Ärmsten der Armen der ganzen Welt.

Mutter Teresa mit Schwestern ihrer Gemeinschaft

Als Missionarinnen sollen wir sein:
- Trägerinnen der Liebe Gottes, wie Maria bereit, eilig aufzubrechen auf der Suche nach Seelen;
- brennende Lampen, die allen Menschen leuchten sollen;
- Salz der Erde;
- Seelen, die verzehrt werden von einer einzigen Sehnsucht: Jesus.

Fortwährend sollen wir diese Grundsätze im Geist und im Herzen bewahren und so den Herrn an Orte tragen, an die Er bis dahin nicht gelangt ist.

Wir sollen
- *unerschrocken die Dinge tun, die Er getan hat: mutig uns mitten in die Gefahren hineinbegeben, mit Ihm und für Ihn auch den Tod auf uns nehmen; [...]*
- *immer willig sein, in der Welt überallhin zu gehen, und dabei die Sitten anderer Völker, ihre Lebensbedingungen und ihre Sprachen zu achten und zu schätzen, bereit, sofern und sowie es notwendig ist, uns anzupassen;*
- *glücklich sein, jegliche Arbeit und Mühe auf uns zu nehmen, ja jedes Opfer zu bringen, das unser missionarisches Leben verlangt."*

Der Schrei der toten Kinder

Ihre liebsten Freunde sind die Kleinsten, die Wehrlosen: Teresa ist vernarrt in Kinder. Sie nimmt ein Neugeborenes in den Arm, unendlich behutsam, und präsentiert es mit leuchtendem Gesicht, stolz, als sei sie seine Mutter: „Seht, es ist Leben in ihm!"

Für Klagen über die Bevölkerungsexplosion in Indien fehlt ihr jedes Verständnis. Kinder sind doch „Gottes Leben"; er hat die Welt reich genug erschaffen, um alle ernähren zu können: „Es kann nie genug von ihnen geben!"

Wer kann ärmer und hilfloser sein als kleine Kinder? „Ich sehe Gott in ihren Augen", sagt Teresa. Ihre *Missionaries of Charity* suchen auf den Straßen nach weggeworfenen Neugeborenen, die niemand will, nach Frühgeburten vor allem; sie finden sie auf Müllkippen, in Abflußrinnen, auf den Treppen öffentlicher Gebäude, vor den Türen kirchlicher Einrichtungen.

Tausende haben sie schon gesundgepflegt in ihren Säuglingsheimen; freilich sind auch viele gestorben, weil sie von Anfang an nicht lebensfähig waren. „Ich glaube, daß manche Mütter Drogen genommen haben, um die Kinder loszuwerden", sagt Schwester Agnes – das schmächtige Bengalimädchen von einst – über die Frühgeburten. „Die Kinder sind dadurch vergiftet und brauchen sehr viel Pflege. Aber sie kämpfen um ihr Leben, und einige schaffen es. Das ist wie ein Wunder. Manche wiegen weniger als zwei Pfund, sie können nicht saugen und müssen durch die Nase oder durch Injektionen ernährt werden, bis sie kräftig genug zum Saugen sind."

Hilfsbereite Europäer, die Kleidung in die Säuglingsheime schicken wollen, machen sich keine Vorstellung davon, in welchem Zustand diese winzigen Todeskandidaten sind. Vorsorglich machen sie die *Missionaries* darauf aufmerksam, daß Mützchen für die Babies nicht größer als ein Tennisball sein dürfen.

Manchmal holen sie auch größere Mädchen und Jungen zu sich, nehmen einer überlasteten Witwe mit fünf, sechs Kindern eines oder zwei ab und geben ihnen eine solide Handwerksausbildung. Um das Kinderelend in Indien zu illustrieren, erzählte Mutter Teresa gern von einem Knirps, den ihr die Schwestern brachten: Er leide unter starken Magenschmerzen, weil er irgendwelchen Abfall gegessen habe. „So setzte ich das Kind hin und fragte es, was es gegessen habe? Am Morgen? – Nichts. Gestern Abend? – Nichts. Gestern am Tag? – Nichts. Die Schmerzen kamen vom Hunger!"

Teresa hat einen internationalen Kinderhilfsfonds ins Leben gerufen, der diese Ausbildungsprogramme finanziert. Oder die Schwestern bringen ledige Mütter in ihren Heimen unter, betreuen sie liebevoll, bis sie ihr Kind zur Welt gebracht haben, – und versuchen, ihnen auch nachher unter die Arme zu greifen, mit Essen, Kleidung, Arbeitsvermittlung, so gut es eben geht.

Mutter Teresa wird nicht müde, das Lebensrecht der Ungeborenen zu verteidigen, die Gottes Schöpferkraft in sich tragen: „Das Leben gehört Gott, und wir haben nicht das Recht, es zu vernichten!“ Ob irgendwelche staatlichen Gesetze die Abtreibung legalisieren oder nicht, läßt sie völlig gleichgültig; für sie ist klar, daß es keinen schlimmeren Frevel an der Schöpfung gibt als die Abtreibung: „Man tötet nicht nur Leben, sondern stellt sein eigenes Ich über Gott. Menschen entscheiden, wer leben und wer sterben soll. Sie wollen sich selbst zum allmächtigen Gott machen .... Mir scheint, daß man den Schrei jener Kinder hören kann, die ermordet wurden, bevor sie auf der Welt erschienen, einen Schrei, der vor dem Thron Gottes wiederholt wird!“

1988, kurz vor der „Wende“, besuchte Teresa ihre beiden Niederlassungen in der DDR, wo ein sehr liberales Abtreibungsrecht galt und jedes Jahr schätzungsweise 80 000 Schwangerschaftsabbrüche vorgenommen wurden. In der überfüllten Ostberliner St. Hedwigs-Kathedrale regte sie die Gründung eines Hauses für schwangere Frauen in Notsituationen an und gab zu bedenken, jede Abtreibung bedeute doppeltes Sterben: das Töten des Kindes – und das Töten des eigenen Gewissens.

Daheim in Indien protestierte sie gegen die Sterilisationskampagne der Regierung (die in ländlichen Regionen mit übereifrigen Verwaltungsbeamten nicht selten zu Zwangssterilisationen führte und Indira Gandhi eine vernichtende Wahlniederlage bescherte) und kämpfte gegen die Diskriminierung der in Bangladesh im Bürgerkrieg von Soldaten vergewaltigten Mädchen; für deren Kinder eröffnete sie umgehend ein Heim.

Wenn man ein Kind haben wolle, könne man es auch bekommen, sagt die Ordensfrau schlicht. „Wenn Sie es aber nicht haben möchten, töten Sie es nicht, geben Sie es mir!" Verdammungsurteile über Abtreiberinnen, wie sie in stramm katholischen Kreisen beliebt sind, waren von ihr nie zu hören. Als einmal eine junge Frau weinend zu ihr kam und erzählte, sie komme über einen vor Jahren vorgenommenen Schwangerschaftsabbruch nicht weg, nahm Teresa ihre Hände und sagte nur: „Sorgen Sie für ein Kind, das so alt ist, wie Ihres jetzt wäre, und nehmen Sie jedes weitere Kind als Geschenk an."

Mutter Teresa spreche immer über Familienplanung, scherzen ihre Mitarbeiter, aber sie selbst praktiziere sie nicht, sie bekomme täglich mehr Kinder. Tatsächlich redet sie viel über natürliche Methoden der Empfängnisverhütung. In den Hungerlandschaften der Dritten Welt sei eine Beschränkung der Kinderzahl selbstverständlich, sagt sie – aber die individuelle Entscheidungsfreiheit müsse respektiert werden und der Weg ein natürlicher sein, die Kontrolle der Fortpflanzung ohne Zerstörung von Leben. „Selbstdisziplin aus Liebe zueinander" nennt sie es, wenn die Armen lernen, die Tage in ihrem Zyklus zu zählen (was ihnen die Schwestern mit Hilfe von Perlen beibringen) und die Temperatur zu messen.

Teresas von der Bischofskonferenz unterstützte Kampagnen, die „Natürliche Familienplanung" populär zu machen, sind so erfolgreich, daß das Bevölkerungswachstum in Kalkutta in einem einzigen Jahr um mehr als 30 000 Geburten zurückging, wie die Behörden lobend feststellten.

Den Mädchen und Frauen aber, die dennoch ein

unerwünschtes, nicht akzeptiertes Kind in sich tragen – und das geschieht immer noch tausendfach –, bietet sie als Alternative zur Abtreibung die Adoption an: „Töten Sie es nicht, geben Sie es mir!“

Ihre Praxis, Adoptionen auch außerhalb Indiens zu vermitteln, ist nicht unumstritten. Es gab eine Pressekampagne mit Schlagzeilen über „verkaufte indische Kinder“. Natürlich hat Mutter Teresa nie Geld genommen, und es ging ihr auch nicht um irgendwelche nationalen Ressentiments, sondern allein um die Chance „ihrer“ Kinder, menschliche Zuwendung und eine anständige Ausbildung zu bekommen.

Gewiß gibt es raffinierte Zeitgenossen, die Hilfsbereitschaft heucheln, um unter Teresas Schützlingen einen billigen Dienstboten zu finden. Doch da sind die *Missionaries* sehr wachsam. Schwester Agnes ärgert sich über solche Leute, „weil sie einen armen Menschen haben wollen, der die Arbeit für zwei oder drei tut. Wenn ich mich erkundige, was sie zahlen wollen, weichen sie aus .... Manchmal sagen sie: ‚40 oder 50 Rupien‘, und ich frage: ‚Würden Sie dafür arbeiten?‘ ... Da kommen Leute und sagen mir: ‚Schwester, die Zeiten sind sehr schwer, wir können es uns nicht leisten, den Dienstboten viel zu geben.‘ Ich sage ihnen: ‚Dann können Sie keinen Dienstboten halten. Harte Zeiten für Sie sind auch harte Zeiten für die Armen.‘“

3

„Laß sie mit einem Lächeln heimgehen“ –

Das Sterbehaus der Göttin Kali

„Ihr hebt die Sterbenden
von den Straßen auf
und tragt sie in den Himmel“
Ein Hindu

Wenn wir jetzt den anderen Schwestern erzählen, wie wir in der ersten Gruppe gelebt haben, können sie es nicht glauben“, stellt Schwester Bernard fest. Als sie Teresa an der *St. Mary's High School* als Lehrerin hatte, hieß sie noch Beatrice Rozario. Wenige Jahre später schloß sie sich den *Missionaries of Charity* an, zum Entsetzen ihrer Familie.

Erschrocken reagieren heute noch die Mitschwestern, wenn sie von den erbärmlichen Anfängen der Kongregation berichtet: „Sie sagen, es sei unglaublich. Es war unglaublich! Es mußte so sein.“

„Wir bettelten immer um Arzneien“, erzählt sie. „Mutter bettelte bei verschiedenen Missionen, bei Freunden, bei jedermann. Jetzt erhält sie wenigstens Spenden, damals war sie unbekannt. Sie lebte beinahe selbst auf der Straße .... Es gab eine Zeit, in der sie für sich nichts zu essen hatte. Sie pflegte von Tür zu Tür betteln zu gehen, und es gab Leute, die ihr einfach den Rücken kehrten. Aber Gott half ihnen. Es kam. Es kam. Irgend etwas tauchte immer auf .... Wir mußten mit dem bloßen Existenzminimum auskommen .... Wir gebrauchten die billigste Seife, die zu bekommen war. Wir meinten, Waschpulver sei etwas für die Reichen. Denken Sie daran, die meisten von uns studierten damals auf dem College. Unsere Kongregation war noch nicht gegründet .... Es war hart. Aber sie wollte, daß es hart war. Sie wollte es nicht leicht haben .... Sie war ständig auf den Beinen und bei der Arbeit."

Sie, das war Mutter Teresa, damals noch nicht vierzig und ungeheuer dynamisch. Stolz schrieb sie einem Freund in Europa, sie habe jetzt schon drei eifrige Mitarbeiterinnen und sei in fünf Slumvierteln tätig. „Welche Not und welche Sehnsucht nach Gott! Dabei sind wir doch nur ein paar, die ihnen den Herrn bringen. Du solltest ihre erwartungsvollen Gesichter sehen, das Leuchten darin, wenn sie die Schwestern kommen sehen .... Bitte Unsere Liebe Frau, daß sie uns noch mehr Schwestern schicke. Selbst wenn wir zwanzig wären, wir hätten allein in Kalkutta allesamt vollauf zu tun."

Zwei Jahre später wieder ein Brief: „Oh, es gibt so ungeheuer viel zu tun. Jetzt sind wir zu fünft. Aber wenn es Gott gefällt, werden es mehr werden. Dann werden wir einen richtigen Ring der Nächstenliebe in Kalkutta bilden können, und von unseren Zentren in den verschiedenen Slumvierteln aus wird die Liebe des Herrn ungehindert in diese Großstadt Kalkutta ausstrahlen können."

Noch einmal ein paar Jahre, und Teresas Schwestern gingen nach Ranchi und Jhansi, nach Coimbatore und Andhra Pradesh und schließlich in die Hauptstadt Delhi, wo sie in Kontakt mit den für Sozialprogramme und Finanzmittel zuständigen Behörden treten konnten und wo Ministerpräsident Nehru selbst Teresas neues Kinderheim einweihte.

„Möchten Sie, daß ich Ihnen unsere Arbeit vorstelle?" fragte sie ihn. „Nein, Mutter", antwortete Nehru. „Das ist nicht nötig. Ich kenne sie. Deshalb bin ich ja gekommen!"

Mittlerweile hatte Teresa eine Regel für ihre Gemeinschaft entworfen, ein Programm der konsequenten Armut – so radikal, daß Rom an mehreren Stellen glättete und korrigierte, bevor die Satzungen kirchenamtlich anerkannt wurden. Zum Beispiel hatte sie den Besitzverzicht so weit getrieben, daß dem Orden nicht einmal die eigenen Niederlassungen gehören sollten. Franz von Assisi hatte damals ähnliche Pläne gehabt – und er drang damit ebensowenig durch wie Teresa. Denn die Ordenshäuser dem Vatikan zu überschreiben, der in Indien als ausländische Körperschaft gilt, hätte ein juristisches Chaos verursacht.

Die Grundeinstellung freilich, die Teresa in ihrem Entwurf formulierte, wagte niemand anzutasten: „Es ist unser Ziel, dem unstillbaren Verlangen unseres Herrn Jesus Christus nach Liebe zu genügen ... durch freien und ungeteilten Dienst an den Ärmsten der Armen."

Teresa hat ihre Entscheidung niemals bereut. Seit dem Entschluß, ihre Familie zu verlassen und Nonne zu werden, habe sie all die Jahrzehnte „nie auch nur eine Sekunde lang daran gezweifelt, daß ich das Richtige getan habe", erklärte sie in einem Interview. Begründung: „Es war der Wille Gottes. Es war *seine* Wahl .... Ich war damals so sicher und bin heute noch überzeugt, daß er es ist und nicht ich."

Nach der Verleihung des „Friedenspreises Papst Johannes XXIII."

„Die Kongregation der Missionarinnen der Nächstenliebe ist nur ein kleines Werkzeug in den Händen Gottes. Wir müssen dafür sorgen, daß es stets so bleibt. Ein kleines Werkzeug. Sehr oft fühle ich mich als ein kleiner Stift in seinen Händen. Er ist es, der denkt, schreibt und handelt; ich soll bloß ein Bleistift sein, nichts anderes.

– Du bist gesendet, du hast dir nicht selber ausgesucht, wohin du gehst. Du bist gesendet, genau wie Jesus zu uns gesendet worden ist.

– Du bist nicht dazu gesendet zu lehren, sondern zu lernen: lerne, von Herzen sanftmütig und demütig zu sein. Eben dies hat Jesus von uns gefordert: ‚Lernt von mir. Denn ich bin sanftmütig und demütig von Herzen.'

– Du bist gesendet, zu dienen und nicht, dich bedienen zu lassen: diene demütigen Herzens! Geh der anstrengenden Arbeit nicht aus dem Weg. Sei immer als erste bereit, sie zu tun.

– Sei Grund zur Freude in deiner Gemeinschaft.

– Geh zu den Armen mit Eifer und Liebe.

– Mach dich eilends auf zum Dienst wie Maria.

– Wähle die schwierigsten Dinge. Mach dich auf mit demütigem, mit großmütigem Herzen. Zieh nicht los mit Ideen, die deiner Lebensweise nicht gemäß sind: mit hohen theologischen Leitsätzen über das, was du lehren möchtest, geh vielmehr, um zu lernen und zu dienen.

– Teile, was du empfangen hast, mit demütigem Herzen.

– Geh zu den Armen mit großer Zärtlichkeit. Diene ihnen mit zarter, mitfühlender Liebe.

– Sag ja zum Frieden mit deiner Zunge. Halte lieber den Mund, als ein Wort zu sagen, das jemanden verletzen wird.

– Gib dich selbst hin ohne Vorbehalte. Verschenke dich, großmütig, bedingungslos."

„Ihren Hund pflegen sie besser!"

Desmond Doig vom „Statesman" – in Indien so etwas wie anderswo die „Times" oder die „Süddeutsche" – war der erste Journalist, der über Mutter Teresa schrieb. Er tat es, weil er nie einen Menschen mit mehr Energie kennengelernt hatte. Doig: „Ich habe erlebt, wie sie Land besetzte, Gebäude übernahm und ein Geschäft eröffnete, wo die sprichwörtlichen Engel sich nicht hingetraut hätten, weil sie überzeugt war, daß es für ‚ihre Leute' und für ihre Arbeit notwendig sei."

Doch außerhalb Indiens begann man erst dann von Teresa und ihren Schwestern zu sprechen, als ihr Engagement für die Sterbenden bekannt wurde. Unterernährte Kinder aufzupäppeln, armen Leuten Reis und Brot zu bringen, das schien vielen nichts Besonderes zu sein, aber in einem hoffnungslos übervölkerten Land Heime für Menschen zu bauen, die ohnehin dem Tod geweiht waren und nur noch Stunden oder Tage zu leben hatten ...?

Nirgendwo sonst prallte Teresas unbedingte Wertschätzung für jedes noch so armselige Menschenleben derart schmerzhaft mit bürgerlichen Wertmaßstäben zusammen wie hier.

Michael Gomes – er hat Teresa ihr erstes bescheidenes Quartier in Kalkutta vermittelt – berichtet über den Ursprung dieser Sterbehäuser: Eines Tages fand man in unmittelbarer Nähe des Campbell-Krankenhauses einen Sterbenden auf der Straße. Mutter Teresa versuchte vergeblich, den Todkranken im Hospital unterzubringen. Als sie mit einem Medikament aus der Apotheke zurückkam, lag der Mann tot auf der Straße. Teresa reagierte bestürzt und wütend: „Sie pflegen ihren Hund und ihre Katze besser als ihre Menschenbrüder. Ihr Lieblingstier würden sie niemals so sterben lassen!"

Sie beschwerte sich auf dem Polizeikommissariat, und dann begann sie zu überlegen, was sie selbst gegen diese Zustände unternehmen konnte. Denn der

Tote am Wegrand war ja kein Einzelfall. Jeden Morgen karrte man auf den Straßen von Kalkutta die Leichen zusammen, ein alltäglicher Reinigungsvorgang wie bei uns die Müllabfuhr.

Die Geschichte vom Kampf gegen das anonyme Sterben begann ebenso rührend wie beschämend: Die Habenichtse aus dem Elendsviertel *Moti Jheel* sammelten Geld, um ein Haus für Sterbende zu gründen. *Nirmal Hriday* nannten sie es poetisch, „Ort des reinen Herzens". Doch was heißt da Haus? Zwei Betten standen darin, und bald mußte man das winzige Hospiz wieder schließen, weil die Anwohner rebellierten. Sie hatten Furcht vor dem Geruch des Todes.

Monatelang suchte die hartnäckige Ordensfrau nun bei den Behörden, in Krankenhäusern und Pflegeanstalten nach Räumen für die Todkranken und Sterbenden – vergeblich. Denn welche Ärzte und Pfleger reißen sich schon um Patienten, von denen ein Großteil bald sterben wird? Außerdem hatte Kalkutta in jenen Jahren, als das Land geteilt worden war, zwei Millionen Flüchtlinge aus dem neuen Staat Pakistan zu verkraften. Hungersnöte in den ländlichen Regionen trieben zusätzlich Menschenmassen in die Großstadt.

Ein aussichtsloses Unterfangen, in all dem Chaos Interesse für sterbende Slumbewohner wecken zu wollen. Bedeutete nicht jeder Tote ein Problem weniger?

Doch beim städtischen Gesundheitsdienst gab es einen Beamten, der offenbar anders dachte. Er führte Teresa eines Tages zum Tempel der Göttin Kali mitten im pulsierenden Zentrum Kalkuttas, wo ein ausgedienter dormashalah, eine Herberge für Hindu-Pilger, leerstand. Das heißt, Penner und Ganoven hatten sich inzwischen der Schlafsäle bemächtigt und veranstalteten dort wüste Gelage.

Teresa war trotzdem begeistert: Fromme Hindus pflegten den Tempel der Todesgöttin Kali aufzusuchen, wenn sie ihre letzte Stunde nahen fühlten, um hier zu sterben und an einem heiligen Ort verbrannt zu werden. Der Platz schien ideal für ein Sterbehospiz. Die Schwestern brauchten vierundzwanzig Stunden, um das verwahrloste Gebäude herzurichten und ihre „Patienten" dort auf einfachen Feldbetten unterzubringen.

Geburtstagsfeier mit Hindus und Buddhisten

In Kalkutta herrschte keineswegs eitel Freude über die Aktivitäten der *Mataji*, der „Mutter", wie Teresa zärtlich von den Armen genannt wird. Die 400 Priester der Tempelanlage sahen die Zweckentfremdung der altehrwürdigen Pilgerherberge mit gemischten Gefühlen. Gerüchte wollten wissen, die Ausländerin hole die alten Hindus nur in ihr Sterbehaus, um sie zu bekehren – eine Zwecklüge, weil die *Missionaries* von Anfang an das Predigen den Priestern überlassen hatten und fremden Religionen immer mit Respekt begegneten.

Ein skeptischer Journalist beobachtete mit Staunen, wie ein Mitarbeiter Mutter Teresas einem sterbenden Hindu die Lippen mit Wasser aus dem heiligen Ganges benetzte. Das sei doch selbstverständlich, setzte ihm Teresa auseinander, in ihren Häusern werde jedem Todeskandidaten jede Tröstung seines eigenen Glaubens gewährt, nach der er verlange. Muslim-Beerdigungen und Hindu-Verbrennungen werden streng nach Vorschrift durchgeführt. Und die von der Straße aufgesammelten Säuglinge werden erst getauft, wenn sie groß genug geworden sind, um eine eigene Entscheidung treffen zu können.

„Es gibt nur einen Gott, und er ist der Gott aller", erklärt Mutter Teresa in ihrer schlichten Art; „daher ist es wichtig, daß man alle Menschen als vor Gott gleich ansieht. Ich habe immer gesagt, wir sollten einem Hindu helfen, ein besserer Hindu zu werden, einem Muslim, ein besserer Muslim zu werden, und einem Katholiken, ein besserer Katholik zu werden."

„Laßt uns zu unserem gemeinsamen Vater beten", lautet ihre Einladung, wenn sie mit Angehörigen verschiedener Religionsgemeinschaften zusammen ist. In ihrem Zentrum für Leprakranke in Titagarh etwa sind ungefähr 500 Patienten untergebracht. „Dreißig Familien sind katholisch, und die übrigen sind Hindus, Muslime, Sikhs", berichtet der Leiter, Bruder Vinod. „Aber sie alle kommen zu unseren Andachten. Um sieben Uhr versammeln sich alle für eine halbe Stunde. Und wir lesen vor, aus der Bibel oder aus anderen Schriften, man kann aus jedem Buch vorlesen. Manchmal hält ein Patient eine kleine Ansprache."

Das 25jährige Jubiläum ihrer Gemeinschaft feierte die von manchen als sture Traditionalistin abgetane Nonne mit Gebeten in Kirchen, Synagogen und Tempeln, gemeinsam mit Anglikanern, Baptisten, Juden, Armeniern, Parsen, Hindus, Sikhs, Dschainas, Buddhisten.

Mit einer unverbindlich-beliebigen Religiosität nach eigenem Gusto, mit Gleichgültigkeit gegenüber der Wahrheit hat das überhaupt nichts zu tun. Teresa ist eine glühende Katholikin gewesen, mit allen Fasern ihres Herzens hing sie an den Traditionen, in denen sie aufgewachsen war. Aber ihr war auch klar: „Gott wirkt auf seine Weise in den Herzen der Menschen, und wir können nicht wissen, wie nahe sie ihm sind. An ihrem Tun aber werden wir immer erkennen, ob sie zu seiner Verfügung stehen oder nicht. Ob Hindu, Muslim oder Christ: Wie du dein Leben lebst, beweist, ob du ihm ganz gehörst oder nicht. Wir dürfen nicht urteilen oder verurteilen .... Was allein zählt, ist, daß wir lieben."

Die Frau, die den Papst versetzte

Eine Zeitlang sah es übel aus für Teresas erstes Hospiz: Ein Polizeikommissar kreuzte im Sterbehaus auf, um die Ausweisung der Schwestern in die Wege zu leiten. Betroffen sah er zu, wie Teresa die offenen Wunden eines Mannes versorgte, die von Maden wimmelten. Den Denunzianten sagte er später: „Ich werde diese Dame erst dann von hier wegbringen, wenn eure Mütter und Schwestern herkommen und ihre Arbeit tun!"

Ein Priester des Kali-Heiligtums kam ebenfalls mit Mißtrauen und ging mit dem Bekenntnis: „Dreißig Jahre lang diene ich jetzt schon der Göttin Kali in ihrem Tempel. Heute habe ich die Heilige Mutter in Menschengestalt gesehen!" Es dauerte nicht lange, und die Schwestern hatten in den Hindu-Priestern Freunde und Mitstreiter gewonnen.

Bald machten die Hindus, wenn sie an den Festtagen ihr Opfer im Tempel darbrachten, einen Abstecher zum Sterbehaus und brachten Lebensmittel. „Ich weiß, was ihr hier tut", sagte einer von ihnen zu den Schwestern. „Ihr hebt die Sterbenden von den Straßen auf und tragt sie in den Himmel!"

Ein paar Jahre, und man zählte in ganz Indien mehr als dreißig solcher Sterbehäuser. Das erste in

Kalkutta hat den Namen *Nirmal Hriday* behalten, „Ort des reinen Herzens“. Für Teresa ist es keine sinnlose Mühe, einem Sterbenden ein paar Stunden oder Tage menschlicher Zuwendung zu schenken, ein wenig Wärme, ja vielleicht nur ein Lächeln: „Sie haben wie die Tiere gelebt“, sagt sie, „da sollen sie wenigstens wie Menschen sterben.“

Am Ende ihres Lebens sollen die von den Straßen des Elends Aufgelesenen erfahren, daß sie Menschen sind, daß sie zählen, daß sie von den Frauen im Sari erwünscht und von Gott geliebt sind. „Wir helfen den Armen, in Frieden mit Gott zu sterben“, sagt Teresa ganz schlicht – das genügt.

Die Schwestern sammeln die irgendwo im Schmutz liegenden, manchmal schon von Ameisen oder Ratten angefressenen Körper mit Rikschas und Lastwagen ein, oder die städtischen Ambulanzen bringen ihnen die Patienten, die kein Krankenhaus mehr aufnehmen will. Auch von denen, die das Hospiz dank der guten Pflege lebend verlassen können, werden nur wenige völlig gesund und finden, wenn sie Glück haben, eine Arbeit. Die übrigen versuchen die Schwestern in Heimen unterzubringen.

Jeder einzelne dieser Elenden, so scheint es, ist Mutter Teresa mehr wert gewesen als die ganze Welt. Als Papst Paul VI. 1964 Indien besuchte, fuhr man ihn im Triumph durch die Straßen Bombays – in einem weißen Lincoln, den er von amerikanischen Katholiken bekommen hatte. Der Papst benutzte die Luxuslimousine nur dieses eine Mal – er zog einen Jeep vor – und schenkte sie Mutter Teresa, die bei nächster Gelegenheit eine Tombola veranstaltete und mit dem Wagen umgerechnet 100 000 Dollar für ihre Armen erlöste.

In einem Flüchtlingslager

Doch als der Heilige Vater sein Geschenk übergeben wollte, fehlte die Ordensfrau unter dem Publikum. Sie war bei einem sterbenden alten Mann namens Onil. Sie hielt seine mageren Hände und sprach ihm Mut zu. Und bevor Onil hinüberging in ein Land ohne Schmerzen, sagte er leise: „Gelebt habe ich wie ein Tier auf der Straße, aber nun kann ich wie ein Engel sterben …"

Die „beschwingte" Atmosphäre des Todes

Mag sein, daß sich auch die Sterbenden bei uns im hochentwickelten Westen eine Mutter Teresa wünschen. Ihr Elend hat ein anderes Gesicht, aber es ruft genauso nach erfinderischer Liebe. Unter dem Vorwand der bestmöglichen medizinischen Versorgung werden die Todkranken aus ihrer vertrauten Umgebung abgeschoben, an Apparate angeschlossen und perfekt überwacht. Sie sehnen sich nach Ermutigung und Nähe, nach jemandem, der ihre Hand hält und ihnen zuhört – und werden stattdessen alleingelassen mit ihren Schuldgefühlen, Ängsten und bangen Erwartungen.

Die lähmende Angst der von Jugend- und Leistungswahn besessenen, menschlich verarmten Erfolgsgesellschaft nimmt dem Sterben seine Würde und dem Sterbenden seinen letzten Trost. Gegen solche Verdrängungs- und Ausgrenzungsmechanismen setzte Teresa eine ganz schlichte Botschaft: „Der Tod ist nichts anderes als eine Fortsetzung des Lebens, seine Vollendung …. Wer glaubt, es sei das Ende, fürchtet den Tod. Wenn man die Menschen überzeugen könnte, daß der Tod nichts anderes ist als der Heimgang zu Gott, gäbe es keine Furcht mehr."

Ars moriendi nannte man in der christlich geprägten Kultur des Spätmittelalters diese Kunst, den Tod in das Leben zu integrieren – und so dem Tod seine Würde zu retten und dem Leben die Banalität zu ersparen. Mißtrauische Beobachter wie der „Statesman"-Journalist Desmond Doig haben immer wieder über die Atmosphäre stillen Friedens in Teresas Sterbehäusern gestaunt, ja von einem „beschwingten", „heiteren" Klima gesprochen, ohne Verbitterung und Verzweiflung. Für ihn sei der Tod stets wie das Schließen eines Buches, wie das Welken einer Blume gewesen, bemerkt Doig und gesteht, hier in *Nirmal Hriday* in sich selbst etwas Einzigartiges gespürt zu haben: „vielleicht nur das Fehlen von Furcht, das schon ein erstes Anzeichen des Glaubens sein könnte".

Mitten in einem der zahllosen Interviews, die sie über sich hat ergehen lassen, horcht Teresa plötzlich wie abwesend in sich hinein und beginnt zu flüstern. „Laß sie nur dieses eine Glück erleben", bittet sie ihren himmlischen Freund, der die Gräber sprengt. „In ihrem letzten Augenblick laß sie ihren Kummer mit einem letzten Lächeln hinwegwischen."

Und sie erinnert sich an jenen furchtbaren Anruf aus Neu-Delhi: Auf einem Müllhaufen hatte man eine über und über mit Wunden bedeckte Frau gefunden, die vor Fieber glühte und nur noch wenige Tage zu leben hatte. „Sie weinte und weinte, auch noch, nachdem wir sie gewaschen und zu Bett gebracht hatten. Schließlich sagte sie: ‚Ich weine nicht, weil ich sterbe. Deshalb nicht. Sondern weil es mein Sohn war, der mich da hingeworfen hat!'"

Teresa sprach tagelang mit ihr. Schrecklich, was ihr Sohn der zur unnützen Last gewordenen Mutter angetan habe. Aber er sei ihr Fleisch und Blut, er werde seine gewiß im Zustand der Verwirrung begangene Tat bereuen: „Sei ihm eine Mutter, verzeih ihm!“

Lange Zeit war die todkranke Frau dazu nicht fähig. Doch dann, als sie sich anschickte, in ein anderes Leben hinüberzugehen, sagte sie mit schwacher Stimme: „Ich vergebe ihm, mein Gott, ich vergebe ihm“ – und starb in den Armen Mutter Teresas. In Frieden.

„Eines Tages kam in Kalkutta ein Mann mit einem Arzneirezept zu uns. Er sagte: ‚Mein einziges Kind liegt im Sterben. Die Medizin, die es braucht, gibt es in Indien nicht, man muß sie aus dem Ausland einführen.‘ Genau in diesem Augenblick – wir sprachen noch miteinander – kam ein Mann mit einem Korb voller Medikamente. Obenauf lag das gesuchte Medikament. Hätte es darunter gelegen, hätte ich es nicht gesehen. Wäre er vorher gekommen oder nachher, hätte ich es nicht sehen können. Aber genau zu dieser Zeit hat Gott sich in seiner zärtlichen Liebe unter Millionen und Abermillionen von Kindern so sehr um dieses kleine Kind in den Slums von Kalkutta gekümmert, daß er im richtigen Moment die Medizin schickte, um es zu retten. Ich preise die Zärtlichkeit und Liebe Gottes; denn jedes Kind, ob aus einer armen oder reichen Familie, ist ein Kind Gottes, geschaffen vom Schöpfer aller Dinge.“

4

„Es sind die Wunden Christi" –

Lepra heißt lebendig begraben werden

„Nicht für eine Million Dollar würde ich das tun"
Ein US-Journalist

Den weißen Ford Lincoln des Papstes hat die geschickte Organisatorin („Ich denke nie über Geld nach, es kommt immer") für das Fünffache seines Wertes verlost. Mit dem Geld baute sie *Shanti Nagar*, die Stadt des Friedens, bei Kalkutta – ein Rehabilitationszentrum für Aussätzige, von denen es damals drei Millionen in Indien gab, mehr als 50 000 allein in der Region Kalkutta. Die *Missionaries of Charity* behandeln sie und geben den Geheilten eine Berufsausbildung, damit sie nicht mehr betteln müssen.

Alles begann mit fünf Leprakranken, die Job und Wohnung verloren hatten und verzweifelt zu Mutter Teresa kamen, weil sie hungrig waren. Teresa begriff sofort: Da tat sich ein neues Arbeitsfeld für ihre Schwestern auf, grenzenlos, strapaziös, undankbar – wie sie es liebte.

Ein idealistischer junger Arzt stieß zu der Gemeinschaft, glücklicherweise ein Lepra-Spezialist, der die Schwestern gründlich schulen konnte. Teresa ließ ein paar Krankenwagen, die sie von Spendern bekommen hatte, zu mobilen Ambulanzen umbauen und schickte sie mit Medikamenten und Beratungsteams durch die Slums.

Besonders wichtig war die Aufklärungsarbeit. Die Menschen müssen lernen, daß Lepra keine Sündenstrafe und bei rechtzeitiger Behandlung heilbar ist – mit ganz einfachen, billigen Methoden: Bädern, Massagen, Bewegungstherapie und einem kombinierten Präparat für gerade mal 30 Mark, das die Krankheit in höchstens drei Jahren vollständig beseitigt. Um die Ansteckungsgefahr auszuschließen, genügt in der Regel ein kurzer Krankenhausaufenthalt mit einer medikamentösen Stoßtherapie.

Doch Angehörige und Nachbarn verurteilen die Aussatzkranken in panischer Angst oft genug zu einem Dasein, das nicht besser ist als lebendig begraben zu werden: Man sperrt sie in Hinterzimmer und Schuppen oder wirft sie gleich aus der Wohnung, setzt sie in gebirgigen Einöden aus, mauert sie in Felshöhlen ein. „Unter den Aussätzigen gibt es viele Gebildete", erläutert Teresa, „viele reiche und fähige Leute. Aber wegen der Krankheit haben ihre Verwandten sie aus ihren Häusern ausgestoßen, und sehr oft wollen sogar ihre eigenen Kinder sie nicht mehr sehen .... Nun leben sie in den Slums, unbekannt, ungeliebt und unversorgt."

Ein hoher Beamter der Stadtverwaltung von Kalkutta mochte die Schwestern überhaupt nicht; ein Trick der Christen in Europa, sich wichtig zu machen und Hindus für die Kirche zu gewinnen, argwöhnte er. Da bekam er die Lepra. Seine Familie setzte ihn auf die Straße. Die *Missionaries* pflegten ihn gesund, und er bedankte sich, indem er seine Talente als Sprecher der Leprösen einsetzte und sich in der Verwaltung von *Shanti Nagar* abrackerte.

Keine dreißig Jahre nach Beginn ihrer Lepraarbeit unterhielten die Schwestern bereits 122 Aussätzigenzentren und elf Reha-Kliniken in Indien, in denen 163 000 Leprakranke Hilfe fanden. Einer der ersten Stützpunkte war *Titagarh* in der Industriezone von Kalkutta: eine Ansammlung von phantasievoll aus Jute, Bambus, Blech und Ziegeln zusammengebauten Hütten, teils auf Pfählen über offene Abflußrinnen gesetzt, auf einem verlassenen Gelände hart am Bahndamm errichtet.

„Dies ist unbesiedeltes Land, das der Eisenbahn gehört", informiert Schwester Bernard stolz ihre ausländischen Besucher. „Am Anfang haben wir es einfach besetzt und begonnen, uns entlang der Eisenbahnlinie auszudehnen. Wir hoffen, eine Kolonie zu schaffen, wo aussätzige Familien sich ihre eigenen Häuser bauen und ihre eigenen Felder bearbeiten können."

Solche abenteuerlichen Provisorien wie *Titagarh* gibt es mittlerweile viele, die meisten wurden großartige Erfolge. Aus dem Dorf mit den windschiefen Hütten am Bahndamm ist die Aussätzigensiedlung *Gandhi Prem Nivas* geworden, mit stabilen Häusern, alle in fröhlichen, bunten Farben gestrichen, mit Kliniken, Werkstätten, Wohnheimen, einer Schule und Trinkwasserteichen. Im Schnitt werden hier pro Monat 1400 Patienten behandelt. Viele Geheilte arbeiten inzwischen als Pfleger oder Ausbilder mit. Denn einen guten Beruf zu lernen, einen, der möglichst unabhängig von der wankelmütigen Gunst der Mitmenschen macht, ist lebensnotwendig für die Patienten. Das medizinische Wunder tilgt ja keineswegs auch schon das Kainsmal „Lepra" von der Stirn der Betroffenen. Die deutsche Lepraärztin Ruth Pfau und ihre Helfer beobachteten entsetzt, wie sich ihre Kranken die verheilenden Wunden wieder aufrissen, bloß um nicht aus der schützenden Klinik entlassen zu werden, und wie viele ehemalige Patienten entmutigt in das Krankenhaus zurückkehrten, weil ihnen niemand Arbeit geben wollte. Ganz klar: Rehabilitation und soziale Wiedereingliederung der Geheilten sind genauso wichtig wie die medizinische Behandlung.

Am Anfang beschränkte man sich auf ein wenig „Beschäftigungstherapie": Die Patienten webten ihr Verbandstuch selbst und lernten, Beutel für ihre Medikamente herzustellen. Tischler- und Schuhmacherwerkstätten, Ziegelbrennereien und kleine Bauernhöfe in den Leprazentren stellten die Versorgung der Bewohner sicher, eigene Reis- und Weizenfelder machten sie autark. Ganz zu Beginn der Arbeit in *Shanti Nagar* trieb Teresa eine alte Druckerpresse auf, mit der die Leprösen Broschüren und eine Zeitung drucken konnten, um wieder am Leben teilzunehmen und sich etwas Geld zu verdienen.

Heute dienen die Ausbildungsprogramme eher dazu, die Patienten für eine unabhängige Existenz nach ihrer Entlassung zu rüsten: Ihr neues Dasein beginnen sie häufig mit einem Webstuhl oder einer Nähmaschine. Wenn sie noch Geld haben oder die Schwestern einen Kredit auftreiben können, richten sie sich auch einmal ein kleines Geschäft ein.

Vielleicht könnten sie das alles nicht, hätten sie nicht bei den *Missionaries* ihre Selbstachtung, das Wissen um die eigene Würde wiedergefunden. Die Patienten seien oft fantastisch, stellt Sister Bernard fest. „Und wir lernen viel von ihnen. Wissen Sie, was sie manchmal sagen? ‚Wir haben außen Lepra, körperlich, aber nicht in unseren Herzen.'"

Pater Henry, einer der ersten Mitarbeiter von Mutter Teresa, kann sich an kein schöneres Weihnachtsfest erinnern als damals zu Beginn seiner Tätigkeit. Die Christen unter den Leprösen hatten sich in einem Slum namens *Belgachia*, zwischen einer Müllhalde und einem Abwasserkanal, eine kleine Kirche gebaut. „Was für eine Messe! Die Aussätzigen, die sich nicht allein bewegen konnten, wurden von den anderen getragen. Es war wirklich großartig.“

„Wir sehen Jesus in den geschundenen Leibern der Armen“

Es kommt immer wieder vor, daß sich eine Schwester bei der Arbeit mit den schwer Leprösen ansteckt und selbst behandelt werden muß. Die Nonnen, die davon betroffen sind, betrachten das als Glück. Sie sind stolz darauf, die Not ihrer Kranken bis in den körperlichen Schmerz hinein teilen zu dürfen. Denn Teresas Schwestern, das vergißt man so leicht, sind nicht bloß auf Besuch im Elend dieser Welt, sie wollen es teilen. Im verdreckten Todeskandidaten am Straßenrand, im Leprösen mit seinen verfaulenden Gliedern, im Krebskranken, dessen Körper nur noch eine offene Wunde ist, finden sie Christus, die Mitte ihres Lebens. Das ist für sie keine schöne Phrase, sondern kraftvolle Wirklichkeit, anders könnten sie ihr Dasein mitten in der Hölle nicht aushalten. Vor allem könnten sie dabei nicht lächeln und vor Güte strahlen.

„Wenn ihr Striemen und Wunden der Armen behandelt, dürft ihr nie vergessen, daß es die Wunden Christi sind“, hat Teresa ihren Novizinnen eingeschärft. Deshalb fügen sich Gottesdienst und sozialer

Einsatz für diese Aktivistinnen des Evangeliums so nahtlos zusammen.

Ihr Arbeitstag beginnt mit der Eucharistiefeier, und wenn sie auf den Straßen die Todkranken einsammeln und an den Betten der Sterbenden stehen, wissen sie, daß es die Fortsetzung ihres Morgengottesdienstes ist – nur in anderer Form: „In der heiligen Kommunion haben wir Christus in der Gestalt von Brot“, erläutert Mutter Teresa. „In unserer Arbeit finden wir ihn in der Gestalt von Fleisch und Blut. Es ist derselbe Christus. ‚Ich war hungrig, ich war nackt, ich war krank, ich war obdachlos.‘“

„Es ist derselbe Christus“, Teresa verkündete diese Gleichsetzung – die sie mit Jesu „Gerichtsrede“ aus dem Mattäus-Evangelium begründete – mit einem heiligen Ernst. Dieser Satz ist der Schlüssel zum Leben der Schwestern, die Garantie dafür, daß es ihnen wirklich um den anderen geht, nicht um die eigene Befriedigung, die der guten Tat folgt, nicht um das schlechte Gewissen, das besänftigt werden muß.

Wenn sie nicht wüßte, daß es der Leib Christi sei, hat Teresa einmal gesagt, könnte sie keine Macht der Welt dazu bewegen, einen von Würmern zerfressenen Körper anzufassen. So aber sei es ganz einfach: „Wenn wir Jesus in der Gestalt des Brotes sehen können, können wir ihn auch in den geschundenen Leibern der Armen sehen.“

„Wir setzen das unmittelbar in die Praxis um“, so erklärte sie diese Erfahrung. Ein Mensch, dem das Glück des Glaubens nicht zuteil geworden ist, wird sie wohl nie begreifen können.

„Man braucht die Armen, um ihn zu berühren. Man findet Kraft und Nahrung in der Eucharistie, und wenn man gestärkt ist, will man diese Kraft nutzen, sie ausgeben. Darum sehen Sie die Schwestern

Sterbehaus in Kalkutta,
dessen Hallen vorher zum angrenzenden
Hindutempel gehörten

rennen, sie gehen niemals. Man nennt uns ‚die rennende Kongregation'!"

„Wir alle sehnen uns nach der ewigen Seligkeit mit Gott", fährt sie fort, „doch es liegt in unserer Kraft, schon jetzt diese Seligkeit zu erfahren – in eben diesem Augenblick mit Gott glücklich zu sein. Jetzt mit ihm glücklich sein, heißt: lieben, wie er liebt; helfen, wie er hilft; geben, wie er gibt; dienen, wie er dient; retten, wie er rettet; vierundzwanzig Stunden des Tages bei ihm sein, ihn in seiner jämmerlichen Verkleidung berühren."

Das ist der Grund, warum im Arbeitsplan der gestreßten Schwestern auch an den schlimmsten Tagen Platz für eine volle Stunde Anbetung bleibt. Es ist der Grund, warum jeder Besucher ihrer Niederlassungen erst einmal in die Kapelle geführt wird, um den „Hausherrn" zu begrüßen. Und warum die überall in der Welt Finanzmittel für ihre Armen zusammenbettelnde Teresa ganz selbstverständlich ein paar hundert Pfund von den Geldspenden abzweigte, um einen schönen Kelch für das neue Schwesternnoviziat zu kaufen. Ihre Begründung: So seien die guten Spender täglich Christus nahe, auf dem Altar.

„Wer ist Jesus für mich?

Jesus ist das ‚Fleisch' gewordene Wort.
Jesus ist das Brot des Lebens.
Jesus ist das Opferlamm – geopfert für unsere Sünden am Kreuz.
Jesus ist das Opfer, das geopfert wird in der Heiligen Messe für die Sünden der Welt und für die meinen.
Jesus ist das Wort, das gesprochen werden muß.
Jesus ist die Wahrheit, die verkündet werden muß.
Jesus ist das Licht, das aufleuchten soll.

Jesus ist das Leben, das gelebt werden soll.
Jesus ist die Liebe, die wir lieben sollen.
Jesus ist die Freude, die wir austeilen sollen.
Jesus ist der Friede, den wir geben sollen.
Jesus ist das Brot des Lebens, um gegessen zu werden.
Jesus ist der Hungrige, den wir speisen sollen.
Jesus ist der Dürstende, dessen Durst wir stillen sollen.
Jesus ist der Nackte, den wir bekleiden sollen.
Jesus ist der Heimatlose, den wir aufnehmen sollen.
Jesus ist der Kranke, den wir heilen sollen.
Jesus ist der Einsame, den wir lieben sollen.
Jesus ist der Ungewollte, den wir annehmen sollen.
Jesus ist der Aussätzige, dessen Wunden wir waschen sollen.
Jesus ist der Bettler, dem wir ein Lächeln schenken sollen.
Jesus ist der Betrunkene, dem wir zuhören sollen.
Jesus ist der Behinderte, den wir schützen sollen.
Jesus ist das kleine Kind, das wir umarmen sollen.
Jesus ist der Blinde, den wir führen sollen.
Jesus ist der Krüppel, mit dem wir gehen sollen.
Jesus ist der Drogensüchtige, dem wir ein Freund sein sollen.
Jesus ist die Prostituierte, die wir aus der Gefahr befreien und deren Freund wir sein sollen.
Jesus ist der Gefangene, den wir besuchen sollen.
Jesus ist der Alte, dem wir dienen sollen.

Für mich
Ist Jesus mein Gott.
Ist Jesus mein Bräutigam.
Ist Jesus mein Leben.
Ist Jesus meine einzige Liebe.
Ist Jesus in allem mein Alles.
Ist Jesus mein Ein und Alles.
Jesus, ich liebe dich mit meinem ganzen Herzen, mit meinem ganzen Sein.
Ich habe Ihm alles gegeben, sogar meine Sünden, und Er hat mich zur Braut genommen in Zartheit und Liebe. Jetzt und für mein ganzes Leben bin ich die Braut meines gekreuzigten Bräutigams. Amen."

Verschwindet da der Mitmensch am Ende hinter einer frommen Fiktion? Verschmilzt er nicht so stark mit Christus, daß er, der hilfsbedürftige Nächste, seine Individualität verliert und zu einem bloßen Testobjekt für die Glaubenskraft des Helfers wird? Berechtigte Fragen. Wer aber einmal beobachtet hat, wie persönlich und aufmerksam die *Missionaries* mit ihren Patienten umgehen, welche menschlichen Beziehungen da entstehen, der wird solche Befürchtungen schnell begraben.

Vielleicht ist diese selbstverständliche Identifizierung jedes Notleidenden mit Christus auch die beste Garantie dafür, daß Zuwendung und Hilfe nicht an Sympathie oder Wohlverhalten geknüpft werden. In einem für ihre Mitarbeiter verfaßten Gebet bittet Teresa um einen „sehenden Glauben", der den gekreuzigten Herrn „in der unansehnlichen Verkleidung der Reizbaren, der Anspruchsvollen, der Unvernünftigen" erkennt; „dann wird meine Arbeit nie langweilig".

Konnte man diese realistische Menschenkennerin wirklich je für naiv halten?

5

„Wenn man einmal Gott in sich hat, dann ist das fürs Leben" –

Verrückte Menschenliebe zwischen Lachen und Verzweiflung

„Etwas von Gottes universaler Liebe hat auf Mutter Teresa abgefärbt"
Der Publizist Malcolm Muggeridge

Man fragt sich, wo die unwahrscheinliche Energie dieser kleinwüchsigen, mageren, immer ein wenig gebeugt gehenden Frau herkommt. Sie spricht leise, ohne Pathos, kunstlos über das Beten, die Armen und den guten Gott, aber auch in Universitäten und Weltorganisationen ist ihr gebannte Aufmerksamkeit sicher.

Sie ist alles andere als eine strahlende Erscheinung, und doch werden die Großen dieser Erde – man konnte es im Fernsehen beobachten – still und verlegen, wenn sie ihr in das zerknitterte, gegerbte Gesicht mit den vielen Runzeln sehen, ein frappant gutes Gesicht mit durchdringenden Augen und ernsten Lippen.

Auch in der großen Öffentlichkeit, bei Preisverleihungen und Empfängen blieb sie die einfache Frau im Sari, immer ein wenig verloren inmitten eines jubelnden Publikums, aber keineswegs schüchtern, selbstbewußt ohne eine Spur von Show. In schlichten Sandalen bestieg sie Rednertribünen, eine abgetragene Wollweste über dem weißen Sari.

Auf dem Deutschen Katholikentag in Freiburg 1978 scharwenzelte die Prominenz um die längst zur Legende gewordene kleine Frau aus Kalkutta herum. Beim Mittagessen im *Collegium Borromäum* sonnten sich Bundespräsident Walter Scheel, der damalige rheinland-pfälzische Ministerpräsident und spätere Bundeskanzler Helmut Kohl, der Apostolische Nuntius Guido del Mestri (ein Landsmann Teresas) und Freiburgs Erzbischof Oskar Saier in ihrer Nähe. Doch als nach dem Essen alles aufbrach, verschwand Mutter Teresa blitzschnell in die Küche, um sich angeregt mit den jugoslawischen Küchenhilfen zu unterhalten und ihnen für die Mühe zu danken, die ihnen die erlauchte Gesellschaft bereitet hatte.

Sie buhlte nicht um die Gunst der Mächtigen, sie konnte es sich leisten, unbequeme Wahrheiten auszusprechen wie 1982 bei der Solidaritätsveranstaltung des Bundeslandes Baden-Württemberg mit der Dritten Welt: In der Regierungsvilla nahm sie die bundesdeutsche Asylantenpolitik aufs Korn und forderte den christdemokratischen Ministerpräsidenten Lothar Späth unbefangen auf: „Öffnen Sie die Tür, und Gott wird Sie segnen!“

Ihre Gesprächspartner verblüffte sie durch Schlagfertigkeit. Einem amerikanischen Journalisten, der sie erschrocken beim Versorgen einer brandigen, stinkenden Wunde beobachtete und schaudernd gestand: „Nicht für eine Million Dollar würde ich das tun!“, erwiderte sie lachend: „Ich auch nicht!“ – Sie tut es für Gott.

Beim Katholikentag in Freiburg

„Dieses halbe Lächeln"

Als der in England hochangesehene TV-Journalist Malcolm Muggeridge (von „The Guardian", „Daily Telegraph", einst Herausgeber des „Punch") das erste Fernseh-Interview mit ihr machte, traf er auf eine verschüchterte, unbeholfene, überhaupt nicht professionelle Gesprächspartnerin. Teresa saß zusammengekauert im BBC-Studio, betete ihren Rosenkranz und war sich nicht bewußt, daß ihr bereits die Hälfte des englischen Fernsehpublikums zusah.

Doch nach den ersten linkischen Antworten auf die Fragen des Interviewers übernahm sie plötzlich die Gesprächsführung und begann, frei von der Leber weg zu erzählen. Der berühmte Muggeridge legte sein Konzept weg und hörte ihr nur noch zu. Und der Beitrag, der technisch so mißlungen war, daß er erst gar nicht ausgestrahlt werden sollte, hatte eine Resonanz wie keine vergleichbare Sendung vorher und nachher. Zahllose Briefe und Geldsendungen gingen im Studio ein, ununterbrochen riefen Leute an, und sie sagten alle dasselbe: „Diese Frau hat mich gepackt, wie kann ich ihr helfen?"

Teresa ist nie eine Ikone gewesen, eine entrückte Heiligengestalt, wie es ein paar Kritiker immer wieder behauptet haben. Sie war nicht deshalb glaubwürdig, weil sie immer eine selige Ruhe vermittelt hätte, sondern weil sie so menschlich war.

Muggeridge schwärmte von ihrem „halben Lächeln, gleichzeitig spöttisch und bezaubernd" – einem Lächeln, mit dem sie beides konnte: auf Menschen zugehen und sich doch einen Raum von Intimität bewahren, der nur ihr gehörte.

Ungebärdig und eigenwillig wie als kleines Mädchen sei sie geblieben, sagt ihr Bruder Lazar (der ihr andererseits die Disziplin eines Offiziers bescheinigt: „Du könntest aus der Militärakademie kommen"): In ihren letzten Lebensjahren erkrankte sie immer wieder schwer, verbot ihren Schwestern aber stur, einen Arzt zu holen. Wenn die besorgten Gefährtinnen dann doch einen Mediziner herbeischleppten, unterhielt sie sich freundlich mit dem guten Mann; doch kaum hatte er die Tür hinter sich geschlossen, zerriß sie sein Rezept in kleine Fetzen oder versteckte es blitzschnell unter der Matratze. Gesund wurde sie auch so – oder zumindest kräftig genug, um sich wieder in die Arbeit zu stürzen.

Eine ihrer Schulen in Kalkutta hatte einen Tanzlehrer angestellt, einen fantastischen *Manipuri*-Tänzer. Klassischer Tanz gilt in Indien als anspruchsvolles Bildungsgut wie bei uns der Klavier- oder Geigenunterricht. Teresa war freilich überhaupt nicht einverstanden mit der kostspieligen Neuerwerbung; die Schule war ein Halbtagsbetrieb, wofür da so ein merkwürdiges Zusatzfach anbieten?

Am Gründungstag ihrer Kongregation, den die *Missionaries* alljährlich als fröhliches Fest begehen, steuerte jede Schule etwas Besonderes bei, und auch die Tanzklasse hatte ihren Auftritt. Teresas Mitarbeiter, die sich über ihr ausdrückliches Veto hinweggesetzt hatten, fürchteten eine harsche Reaktion. Aber sie lachte nur und meinte, es wäre eine wunderschöne Darbietung gewesen, und es sei eine Sünde, gottgeschenkte Talente nicht zu entwickeln.

„Das ist Mutter", kommentierte ein Freund der Gemeinschaft, der diese Geschichte zum Besten gab. „Sie ist eine riesig praktische Frau. Sie macht Regeln und bricht Regeln. Das ist ihre Stärke!"

Die müde, gebeugte, kaputtgeschuftete Nonne mit den schwieligen Händen – das ist das eine Bild, das bei uns im immer noch reichen Westen sofort ein schlechtes Gewissen erzeugt.

Das andere Bild, das ist die ausgelassen mit ihren Novizinnen herumtollende Ordensfrau, mehr große Schwester als autoritäre Klostervorsteherin, die sich köstlich über die kleinen Schwächen ihrer Gefährtinnen amüsieren kann – und am meisten über ihre eigenen. Sie kann mütterlich trösten – und sich boshaft an der eigenen spitzen Zunge freuen: In irgendeiner Niederlassung hatten Diebe 40 000 Lire geklaut, und die Schwestern machten sich schreckliche Gewissensbisse. „Es war doch nur Geld“, beruhigte sie Mutter Teresa. „Schlimmer wäre es gewesen, wenn man euch entführt hätte! Aber ich glaube nicht, daß diese Gefahr droht, so hübsch seid ihr nicht. Und jetzt los, an die Arbeit!“

Wie gern sie lacht! Mit Vorliebe erzählte sie die Geschichte von den ganz in Weiß gekleideten Schwestern (aus dem später entstandenen kontemplativen Zweig ihres Ordens), die durch einen New Yorker Park gingen und dabei den Rosenkranz beteten. Ein Mann begegnete ihnen und rief entsetzt ein ums andere Mal: „Ich bin nicht bereit, ich bin noch nicht bereit!“ Wie sich dann herausstellte, glaubte er steif und fest, die Schwestern in ihrem schneeweißen Staat seien Engel und extra vom Himmel gekommen, um ihn zu holen. „Das zeigt euch, was die Menschen von uns erwarten!“ schloß Teresa mit plötzlichem Ernst, wenn sie die skurrile Begebenheit berichtete.

Eine deutsche Weggenossin war 1969 mit ihr in Rom, als Papst Paul VI. die Satzungen der *Internationalen Gemeinschaft der Mitarbeiter Mutter Teresas* vorge-

Mutter Teresa bei Papst Paul VI.

legt bekam. Am nächsten Tag schlug Teresa ein Picknick in den Albaner Bergen vor. Nach der Schilderung der deutschen Begleiterin herrschte eine fröhliche Stimmung wie auf einem Schulausflug. Teresa forderte die jungen Schwestern zum Wettrennen auf, und bei der Rückfahrt sang man sämtliche Strophen von „John Brown's Body".

Kein Mensch konnte disziplinierter sein als die agile Ordensgründerin, wenn es sein mußte. Aber sie haßte es, auf ein bestimmtes Verhalten festgelegt zu werden. Auf Dauer niederlassen wollte sie sich nirgends. „Ich bin wie ein Bohemien", sagte sie, „der von einer Arbeit zur anderen wechselt bis zu seinem Tod."

Dieselbe Frau, die sich im Slum von *Howrah* mit ausgebreiteten Armen einem Stier entgegenstellte, der wie wild durch die Gassen stürmte, und den schnaubenden Bullen tatsächlich besänftigen konnte („vielleicht war das Tier von dieser plötzlichen Erscheinung verstört", mutmaßt ein nüchterner Augenzeuge), – dieselbe Frau konnte bewegungslos wie eine Statue glücklich vor dem Tabernakel der Hauskapelle knien oder einen Aussätzigen trösten, indem sie ihn minutenlang stumm umarmte.

Sie hatte die Gabe, sich voll auf ihren Gesprächspartner zu konzentrieren, seine Sorgen und Sehnsüchte zu ihren eigenen zu machen. „Sie hatte unsere Wellenlänge", zieht ein englischer Helfer Bilanz, der ihr als Schüler zum ersten Mal begegnete. „Mit wem sie auch gerade spricht, er wird zum wichtigsten Menschen vor ihr. Es spielt keine Rolle, ob du Präsident oder ein kleiner Mann von der Straße bist."

Ist es abgeschmackt zu sagen, sie habe einfach Gottes Nähe ausgestrahlt? „Etwas von Gottes universaler Liebe hat auf Mutter Teresa abgefärbt", bemerkt Malcolm Muggeridge, „und gibt ihr ein wahrnehmbares

Leuchten, etwas Strahlendes. Sie lebt so nahe bei ihrem Herrn, daß ihr die gleiche Verzauberung anhaftet, welche die Massen in Jerusalem und Galiläa ihm nachjagen ließ ..." Die Frage, was der kleinen alten Frau in Kalkutta ihre Riesenkräfte verlieh, trieb das Ehepaar Muggeridge so um, daß sie beide später zum Katholizismus konvertierten.

Natürlich kannte auch die glaubensstarke Mutter Teresa entsetzlich depressive Phasen und die Abgründe der Verzweiflung. „Es gibt Augenblicke", gestand sie, „da fühle ich mich wie eine leere Hülse, ein Gegenstand ohne Festigkeit. Ich fühle mich so einsam, so elend."

In solchen Momenten müssen sie massive Zweifel am Sinn ihrer Arbeit beschlichen haben. „Was wir tun, ist im Grunde so wenig", vertraute sie Pater Edward Le Joly an; er diente den „Missionarinnen der Nächstenliebe" zwanzig Jahre lang als geistlicher Leiter. „Man lobt uns für unsere Aktivität. Aber in Wirklichkeit ist das doch nur ein Tropfen auf den heißen Stein und bleibt praktisch so gut wie wirkungslos gegenüber dem unendlichen Ausmaß menschlichen Leidens."

Der schon mehrfach zitierte Desmond Doig wollte sie mit dem Hinweis trösten, auch Christus habe gezweifelt, in der Nacht vor seinem Tod am Ölberg. „Nein, es hat keinen Zweifel gegeben", bekam er zur Antwort. „Nur einen Augenblick lang hat er sich unsicher gefühlt. Als Mensch. Das war natürlich. Der Augenblick der Annahme, der Augenblick der Hingabe, das ist die Gewißheit. Aber es kann den Tod für einen bedeuten. Die Gewißheit kommt im Augenblick der Hingabe .... Wenn man einmal Gott in sich hat, dann ist das fürs Leben. Man kann andere Zweifel haben. Aber dieser besondere wird nie wiederkommen."

„Wenn aber die Ungewißheit bleibt?" bohrte ihr Gesprächspartner weiter. Teresas Erwiderung hat er nie mehr vergessen: „Das ist dann die Zeit, auf die Knie zu fallen."

„Die Leute sind unvernünftig,
unlogisch und selbstbezogen,
LIEBE SIE TROTZDEM.

Wenn du Gutes tust, werden sie dir
egoistische Motive und Hintergedanken vorwerfen,
TU TROTZDEM GUTES.

Wenn du erfolgreich bist,
gewinnst du falsche Freunde und echte Feinde,
SEI TROTZDEM ERFOLGREICH.

Das Gute, das du tust,
wird morgen vergessen sein,
TU TROTZDEM GUTES.

Ehrlichkeit und Offenheit
machen dich verwundbar,
SEI TROTZDEM EHRLICH UND OFFEN.

Was du in jahrelanger Arbeit aufgebaut hast,
kann über Nacht zerstört werden,
BAUE TROTZDEM.

Deine Hilfe wird wirklich gebraucht,
aber die Leute greifen dich vielleicht an,
wenn du ihnen hilfst,
HILF IHNEN TROTZDEM.

Gib der Welt dein Bestes,
und sie schlagen dir die Zähne aus,
GIB DER WELT TROTZDEM DEIN BESTES."

Sie ist keine Ikone gewesen, immer beherrscht und von gelassener Würde. Sie konnte wütend werden und sich über die ungerechte Verteilung der Güter der Erde aufregen. Malcolm Muggeridge hat sie auf der Fahrt durch die besseren Stadtviertel von Kalkutta regelmäßig unruhig und beklommen erlebt. „Der Anblick von so vielen zu anderen Zwecken bestimmten Gebäuden, die sie hätte verwenden können, um ihre Armen unterzubringen, bedrückte sie. Besonders bei einem, wie ich mich erinnere, blickte sie geradezu finster drein; es handelte sich um eine außergewöhnlich häßliche, aber immer noch große und solide Gedächtnisstätte für Königin Victoria ..." Die hätte sie so gut brauchen können, knirschte Teresa vor sich hin.

In der himmelschreienden Not der Welt ging sie ganz auf – ohne sich irgendwelche falschen Sentimentalitäten zu leisten. Resolut, nüchtern, mit einem praktischen Wirklichkeitssinn ausgestattet, packte sie kurzentschlossen zu, wo etwas zu tun war, statt zeitraubende fromme Sprüche zu machen. O ja, beten und meditieren haben sie ihre Schwestern in Kalkutta auch gesehen – als sie hoch oben auf einem Lastwagen auf einem schwankenden Berg von Mehlsäcken thronend ankam. Jemand fragte sie, warum sie sich mit solchen Fahrten abplage. Wenn sie die Lebensmitteltransporte nicht beaufsichtige, würde das meiste gestohlen, gab sie zur Antwort.

Von ihrem Talent, Land zu besetzen oder Behörden mit Überraschungscoups zu verblüffen, war schon die Rede. Als ihr die indischen und später auch die internationalen Fluggesellschaften aus Sympathie Freiflugscheine ausstellten, brachte sie es fertig, sechs Schwestern mit tausend Pfund schwerem

Gepäck in Leinentaschen und Pappkartons an die Kontrollschranke zu schicken.

„Das Personal sah zuerst sehr erschrocken drein; so etwas hatten sie noch nie gesehen", amüsierte sie sich. „Normalerweise sind nur zwanzig Kilo erlaubt. Andererseits setzte der Freiflugschein keinerlei Höchstgrenze für das Gepäck fest. Es stand dort nur geschrieben: ‚Sechs Schwestern und ihr Gepäck'. Und so gaben wir ihnen Decken, Medizin, Nahrungsmittel und so weiter mit – lauter Dinge, die für die Arbeit unter den Armen gebraucht wurden .... Stellt euch die Gesichter der Beamten vor, als die Schwestern mit ihrem riesigen Gepäck durch die Kontrolle gingen! Die ganze Ladung mußte hindurch – man konnte sie nicht aufhalten. Das ist der Vorteil vollkommener Armut und völliger Abhängigkeit von Gott: Man muß nichts bezahlen!"

„Ihre Aktivität ist hinreißend", konstatierte Bruder Michael, einer ihrer engsten Mitarbeiter. „Solange andere noch diskutieren, ist sie schon mitten drin in der Arbeit .... Ein Bedürfnis sehen und darauf sofort reagieren, das ist bei ihr eines."

Ganz zu Anfang, als die Gemeinschaft noch in sehr beengten Verhältnissen in Kalkutta wohnte, kam einmal eine Bettlerin und bat um Hilfe. Man wußte nicht, wo man sie unterbringen konnte. Teresa legte sie kurzerhand in ihr eigenes Bett und richtete sich anderswo notdürftig einen Schlafplatz her.

Für die *Missionaries* ist es nicht immer leicht gewesen, mit diesem Energiebündel voll spontaner Einfälle zu leben. „Schwester, Sie gehen nach Südindien", eröffnete sie einer von ihnen. Die dachte an einen Umzug in den nächsten Monaten und fragte vorsichtig: „Wann, Mutter Teresa?" – „Heute abend, mit dem erstbesten Zug in diese Richtung", erwiderte die „Chefin“ lachend. Wobei sie ihre Mitarbeiterinnen durchaus um Rat zu fragen pflegte, wenn wichtige Entscheidungen anstanden. Teresa behielt sich das letzte Wort vor, gab sich aber nie unfehlbar. Ihre Vorliebe für lakonisch knappe Auskünfte bedeutete nicht, daß sie nicht gründlich genug nachdachte, bevor sie einen Entschluß faßte; sie sagte eher etwas über die Dummheit mancher Fragesteller aus.

„Morgen ist noch nicht gekommen, und gestern ist vorbei, wir leben heute“, pflegte sie zu erklären, wenn sie zum tausendsten Mal nach ihren Zukunftsplänen ausgeforscht wurde. Einen amerikanischen Touristen, der sie gern kennengelernt hätte, schickte sie zur Mitarbeit in eines ihrer Sterbehäuser. Als er am nächsten Tag wieder nach ihr fragte, bekam er dieselbe Anweisung. Er sei doch gestern schon dort im Sterbehaus gewesen, beschwerte er sich. „Na und?“ erwiderte Teresa. „Dann soll er eben heute noch einmal hin. Die Armen sind immer noch da!“

Und weil das Interesse an der Dritten Welt hierzulande manchmal mehr mit dem Reiz des Exotischen zu tun hat als mit der realistischen Einsicht in die Notwendigkeit, ungerechte Strukturen zu ändern, dämpfte sie die Begeisterung ihrer Freunde im Westen gern mit dem guten Rat, sie sollten lieber den Nervensägen in ihrer unmittelbaren Umgebung zulächeln, als irgendwelchen weit entfernten armen Leuten einen Scheck zu schicken. „Kennt ihr die Armen eurer Stadt?“ pflegte sie bei ihren Deutschland-Aufenthalten hartnäckig zu fragen.

Manchmal verunsicherte sie ihre Mitarbeiter, weil sie so gar keine Berührungsängste kannte. Bei den Katholikentagen in Freiburg und Berlin wollte sie auch die Bewohner der örtlichen Gefängnisse besuchen, feierte die Gottesdienste im Knast mit, erzählte munter von ihrer Arbeit und ließ sich von begeisterten Häftlingen umarmen.

In der Leprastadt *Titagarh* kam eine Zeitlang ein finster blickender Mensch zur Behandlung. Schwester Bernard kannte ihn gut. „Das ist Sajada", stellte sie ihn vor. „Er ist ein Mörder, er war im Gefängnis. Er ist verunstaltet, aber er hat ein Herz von Gold .... Er treibt alle möglichen ungesetzlichen Dinge, wie Schnapsbrennen und Bombenherstellen. Die Leute mieten ihn und zahlen ihm ziemlich hohe Preise." – „Ihr Brüder und Schwestern habt mich besiegt", brummte er eines Tages. „Ihr liebt sogar die Bösen, aber ich werde dafür bezahlt, sie zu beseitigen."

Teresa und ihre Gefährtinnen haben eben die Gabe, sich in einen wunderlichen Mitmenschen hineinzuversetzen, ohne gleich ein komplettes Verhaltensänderungsprogramm für ihn zu entwerfen. Sie wissen, wieviel Verachtung sich häufig hinter solchen Hilfsangeboten von oben herab verbirgt. Es gibt Aussätzige in ihren Behandlungszentren, die gehen weiter auf den Straßen betteln. Warum sie das denn nicht verhindere, wurde Teresa gefragt. „Betteln ist interessant für sie", gab sie trocken zur Antwort.

Wunderlich mußten ihr sicher auch jene „Weltleute" erscheinen, die sich in tausend banalen Aktivitäten verzetteln, aber nie dazu kommen, einmal in die Tiefen der eigenen Seele hinabzusteigen. Doch auch in deren Haut versuchte sie zu schlüpfen. Statt eines Vorwurfs sagte sie dann nur ganz dezent: „Ihr Menschen in der Welt mögt nicht die Zeit und die Muße haben zu beten. Es ist ein schönes Geschenk Gottes, daß er uns soviel Zeit gibt!"

Unbekümmert sammelte sie Preise und Ehrungen, die unauffällige Nonne aus Kalkutta, nicht weil sie so versessen gewesen wäre auf Orden – an ihrem Sari hing lediglich ein kleines Kreuz zur Erinnerung an das Leiden Christi für die Menschen, mit einer Sicherheitsnadel an der linken Schulter festgesteckt wie bei all ihren Mitschwestern. Nein, sie konnte das Geld für ihre Hilfswerke brauchen, wie sie listig-entwaffnend zugab.

Und außerdem: „Diese Preise sind nicht für mich, sie sind für meine Leute", stellte sie klar. „Deshalb berühren sie mich überhaupt nicht, weil ich weiß, daß sie nicht für mich sind. Sie sind für die armen Leute, die endlich beachtet werden .... Die Welt beginnt, darum zu wissen. Schon die Tatsache, daß soviel geschrieben wird, bedeutet, daß die Menschen anfangen, sich betroffen zu fühlen!"

Den Internationalen „John-F. Kennedy-Preis" für Menschlichkeit hat sie erhalten und den „Friedenspreis Papst Johannes' XXIII." (zur feierlichen Verleihung im Beisein des ganzen Diplomatischen Corps und von 15 Kardinälen fuhr sie mit der Straßenbahn von ihrer römischen Niederlassung in den Vatikan), die „Ceres-Medaille" der Welternährungskonferenz und den englischen „Templeton-Preis for progress in religion" (für den Beitrag der Religion zum Fortschritt der Menschheit, könnte man frei übersetzen).

Von den zehn Jury-Mitgliedern, die über die Vergabe des „Templeton-Preises" zu entscheiden hatten, waren sechs Christen, aber nur einer Katholik. Prinz Philip von England, der die Rede bei der Verleihung am 25. April 1973 zu halten hatte, meinte zwar, ein Preis für Religion sei eine absurde Idee: „Normalerweise ist ein Preis etwas, für das man eine Konkurrenz braucht. Bei einem Preis aus religiösen Motiven aber sind ganz sicher nur die würdig, ihn zu erhalten, die nicht um ihn gewetteifert haben. Ich kann mir nicht vorstellen, daß jemand sich veranlaßt fühlt, die beste religiöse Tat zu tun mit dem Ziel, einen Preis zu gewinnen. Und dann, kann überhaupt eine noch so würdige und unparteiische Jury feststellen, ob eine Person das Werk Gottes besser verwirklicht hat als eine andere?"

Doch Prinz Philip zog sich ebenso elegant wie überzeugend aus der Affäre, als er die Beweislast umkehrte: „In Wirklichkeit ist es Mutter Teresa, die diesem Preis seine Berechtigung gibt .... So sind es Herr Templeton und die Jury, die man beglückwünschen muß, daß Mutter Teresa den Preis angenommen hat!" Was man aus ihrem Leben lernen könne? „Es ist einfach und uralt: Der Glaube eines Menschen gibt ihm die Kraft zu seinen Taten .... Mutter Teresa könnte weder ein solches Leben führen noch solche Werke vollbringen ohne einen großen Glauben."

Eine Schatztruhe hätte sie füllen können mit all diesen Orden, Medaillen und Urkunden. Der indische „Padmaschree-Preis" gehörte dazu (auf deutsch „Wunderbarer Lotus"), der „Magsaysay Prize" der Philippinen für Verdienste um die internationale Verständigung und der in Boston verliehene „Preis des guten Samariters", ganz zu schweigen von zwei Dutzend Ehrendoktorhüten, unter anderem von den Universitäten Delhi, Philadelphia, Cambridge. Die Katholische Universität Washington erfand extra für sie den Titel „Doktor der Humanität".

„Ein Hindu wurde gefragt: ‚Was ist das Christentum?' Er antwortete: ‚Es ist Geben.' Gott liebte die Welt so sehr, daß Er seinen Sohn dahingab. Er gab ihn Maria, damit sie seine Mutter sei. Er wurde ein Mensch wie du und ich in allem, außer der Sünde. Auch Jesus bewies seine Liebe zu uns, indem Er sein eigenes Leben dahingab, sein eigenes Sein. Er war reich und wurde arm für dich und für mich. Er gab sich ganz hin, Er starb am Kreuz; aber bevor Er starb, machte Er sich zum Lebensbrot, um unseren Hunger nach Liebe zu sättigen. Er sagte: ‚Wenn ihr mein Fleisch nicht eßt und mein Blut nicht trinkt, könnt ihr nicht das ewige Leben haben.' Die Größe seiner Liebe machte Ihn zu dem Hungrigen, der sagte: ‚Ich war hungrig, und ihr habt mich gespeist' und: ‚Wenn ihr mich nicht eßt, könnt ihr nicht ins ewige Leben eintreten.'

Das ist Christi Geben. Auch heute liebt Gott die Welt. Er sendet dich und mich aus, um zu beweisen, daß Er die Welt liebt, daß Er noch Mitleid mit der Welt hat. Wir müssen seine Liebe sein, sein Mitgefühl in der Welt von heute. Aber um lieben zu können, müssen wir Glauben haben, denn tätiger Glaube ist Liebe, tätige Liebe Dienen. Jesus machte sich selbst zum Lebensbrot, damit wir essen können und leben und Ihn in der elenden Verkleidung der Armen erkennen. Um lieben zu können, müssen wir sehen und fühlen können, und daher machte Jesus, wie wir in der Bibel lesen, die Armen zur Hoffnung auf Heil für dich und für mich. Er sagte: ‚Was ihr dem Geringsten meiner Brüder getan, das habt ihr mir getan.'

Daher ist die Arbeit der Missionaries of Charity so schön. Ich glaube, wir sind nicht eigentliche Sozialarbeiter, sondern Kontemplative inmitten der Welt von heute, wenn wir Jesus beim Wort nehmen; denn Er sagte: ‚Ich war hungrig, nackt, obdachlos, und ihr sorgtet für mich.' So berühren wir Ihn wirklich 24 Stunden täglich, und daher sind die Kontemplation und das Berühren Christi in den Armen so schön, so wirklich, so liebenswert.

Unsere Armen brauchen keine Sympathie und kein Mitleid, sondern Liebe und Mitgefühl. Aber wir müssen wissen, daß sie liebenswerte Menschen sind, große Menschen; dieses Wissen wird uns dahin führen, sie zu lieben und ihnen zu dienen.
Kennen wir wirklich unsere Armen? Hier bei uns? Sie können in unserer eigenen Familie sein, denn Liebe beginnt zu Hause. Kennen wir sie? Kennen wir die Einsamen, die Unerwünschten, die Vergessenen? [...]

Dies ist etwas, was Sie und ich verstehen müssen. Der heilige Johannes sagt: ‚Wie kannst du sagen, daß du Gott liebst, den du nicht siehst, wenn du deinen Bruder nicht liebst, den du siehst.' Er braucht ein sehr kräftiges Wort, wenn er sagt: ‚Du bist ein Lügner, wenn du sagst, du liebst Gott, und du liebst deinen Bruder nicht.'
Ich denke, wir müssen alle verstehen, daß Liebe zu Hause beginnt. Heute sehen wir immer mehr, daß alles Leid in der Welt zu Hause angefangen hat. Heute haben wir nicht einmal Zeit, einander anzuschauen, miteinander zu reden, uns aneinander zu erfreuen, noch weniger, als unsere Kinder von uns erwarten, der Mann von seiner Frau und die Frau von ihrem Mann. Wir sind mehr und mehr außerhalb unseres Heims und immer weniger in Verbindung miteinander. [...]

Wir müssen geben, bis es weh tut. Wahre Liebe muß weh tun. Es tat Jesus weh, uns zu lieben. Es tat Gott weh, uns zu lieben, denn Er mußte geben, Er gab seinen Sohn. Heute sind wir hier beieinander – ich kann Ihnen nichts geben, ich habe nichts zu geben –, aber das möchte ich von Ihnen, daß wir uns umsehen, und wenn wir in unseren eigenen Familien Arme sehen, daß wir zu Hause anfangen zu lieben, bis es weh tut. Habt ein Lächeln bereit, habt Zeit für die Mitmenschen! Wenn wir sie kennen, wissen wir, wer unser nächster Nachbar ist. Kennen wir die Menschen unserer Umgebung? Es gibt viele Einsame. [...]

Nobelpreisverleihung am 10. Dezember 1979 in Oslo

In London ging ich eines Tages mit unseren Schwestern aus, und wir trafen einen Jugendlichen auf der Straße. Ich sagte zu ihm: ‚Du solltest nicht hier sein, du solltest bei deinen Eltern sein.' Er antwortete: ‚Oh, aber meine Mutter mag mich nicht, da ich lange Haare habe. Jedesmal, wenn ich

nach Hause kam, hat sie mich hinausgeworfen.' Wir gingen weiter. Als wir zurückkamen, fanden wir ihn. Er hatte eine Überdosis Drogen genommen. Wir brachten ihn ins Krankenhaus. Ich mußte einen Augenblick darüber nachdenken, daß seine Mutter vielleicht sehr eifrig dabei war, dies und jenes für die Hungernden in Indien zu sammeln und zu tun, aber sie hatte keine Zeit, keine Liebe – sie machte sich keine Sorge, ihr eigenes Kind wollte sie nicht. Wie können wir die Armen lieben, wenn wir unsere eigenen Kinder nicht zuerst lieben? Liebe beginnt daheim. […]
So laßt uns, so weit wie möglich, zusammen beten, ein jeder von uns. Was Sie tun können, kann ich nicht tun, und was ich tun kann, können Sie nicht tun. Aber zusammen tun wir etwas Schönes für Gott.
Mach uns würdig, Herr, unseren Mitmenschen in der ganzen Welt zu dienen, die in Armut und Hunger leben und sterben. Gib ihnen durch unsere Hände heute ihr tägliches Brot, durch unsere verstehende Liebe Frieden und Freude."

Aus der Ansprache zur Verleihung der Ehrendoktorwürde der Universität Cambridge 1977

Die Krönung aller Ehrungen stellte 1979 der Friedensnobelpreis dar. Die „Washington Post" nannte diesen Vorgang in einem nachdenklichen Leitartikel „geeignet, uns an eine Form des Elends zu erinnern, von dem die meisten Europäer und Amerikaner vielleicht nie etwas erfahren. Von Zeit zu Zeit bedient sich das norwegische Nobelpreiskomitee des Preises, um der Welt zu zeigen, daß es mehr als eine Art von Frieden gibt und daß die Politik nicht das einzige Mittel ist, ihn zu erstreben."

In Oslo begrüßte die Bevölkerung die kleine Frau im Sari (nur eine gestrickte Wollweste hatte sie darübergezogen, um sich vor der skandinavischen Dezemberkälte zu schützen) mit einem Fackelzug. Das traditionelle Festbankett im Hotel Continental ließ Mutter Teresa absagen, die so eingesparten 12 000 Mark nahm sie (zusätzlich zu den 340 000 Mark, mit denen der Nobelpreis dotiert ist, und rund 140 000 Mark in Norwegen gesammelten Spendengeldern) nach Kalkutta mit, um jungen Familien von Leprakranken beim Hausbau helfen zu können. „Ich verdiene die Auszeichnung nicht", stellte sie klar. Der Preis bedeute lediglich eine Anerkennung der Menschenwürde der Armen.

Und dann hielt sie in der Aula der Universität Oslo – nachdem sie das Publikum eingeladen hatte, mit ihr zu dem einen Gott aller Menschen zu beten – dem Westen eine beschämende Strafpredigt: „Der größte Zerstörer des Friedens ist heute der Schrei des unschuldigen, ungeborenen Kindes. Wenn eine Mutter ihr eigenes Kind in ihrem eigenen Schoß ermorden kann, was für ein schlimmeres Verbrechen gibt es dann noch, als wenn wir uns gegenseitig umbringen? ... Für mich sind die Nationen, die Abtreibung legalisiert haben, die ärmsten Länder. Sie fürchten die Kleinen, sie fürchten das ungeborene Kind."

Mutter Teresa bat ihre Zuhörer, nicht länger stumm zu bleiben, die Ungeborenen zu schützen, zu Hause in der Familie mit der Liebe zu beginnen, die Armen nicht links liegen zu lassen.

„Denn wenn Sie den Armen den Rücken zuwenden, so wenden Sie ihn Christus zu. Er hat sich selbst zum Hungrigen gemacht, zum Nackten, zum Heimatlosen, so daß Sie und ich Gelegenheit haben, ihn zu lieben!" Nicht Mitleid oder unverbindliche Sympathie hätten die Armen nötig: „Unsere Armen sind großartige Leute ... sie brauchen unseren Respekt, sie wollen, daß wir sie mit Liebe und Achtung behandeln."

6

„Wahre Liebe muß weh tun" –

Wo die Wurzeln ihrer Kraft lagen

„Dir ist Jesus schon einmal begegnet"
Eine Schweizer Schulklasse
an Mutter Teresa

Wir sind einfache Instrumente, die kleine Dinge tun und wieder verschwinden", hat die bescheidene Ordensfrau einmal gesagt. Entsetzt lehnte sie es ab, ihre Mitarbeiterorganisation „Freunde Mutter Teresas" zu nennen – sie brauche eher Helfer als Verehrer. Und einen Kameramann, der sie fotografieren wollte, schickte sie zu ihren Mitarbeiterinnen weiter: „Machen Sie Fotos von denen da, das bin ich!"

Es ist ein eigenartiges Phänomen: Die Frau, die bei Christen und Nichtchristen mindestens so populär ist wie der Papst, die ständig im Rampenlicht der Öffentlichkeit steht und sich vor Fernsehkameras souveräner bewegt als mancher Bühnennachwuchs, diese Frau hat einen wahren Horror davor, von ihrer Person zu reden. Und es ist keine gespielte Bescheidenheit, denn sie schafft es mühelos, sämtliche Fragen nach ihren Gefühlen und Meinungen höflich, aber bestimmt auf ihre Arbeit umzuleiten. Über ihre Biographie hat niemand viel aus ihr herausbringen können, auch die versiertesten Journalisten nicht. „Die Leute, die über mich schreiben, wissen mehr über mich als ich selbst", amüsiert sie sich. Sie läßt sich geduldig fotografieren, weil der mehr oder weniger fromme Kult um ihre Person Geld für die Kinderheime und Leprazentren bringt, aber sie bemüht sich nicht, besonders hübsch oder liebenswürdig für die Kamera auszusehen, sie macht sich nicht zum Narren der Reporter. „Ich habe mit Jesus einen Vertrag geschlossen", bemerkte sie einmal sarkastisch, „daß für jedes Foto, das man von mir macht, eine Seele aus dem Fegfeuer freikommt. In diesen Tagen wurde so viel geknipst, daß das Fegfeuer nun leer ist."

Teresa hat es längst aufgegeben, auf den „Rummel" zu schimpfen und sich darüber zu wundern, warum sich das Medieninteresse derart auf ihre Gemeinschaft konzentriert: „Andere machen dieselbe Arbeit wie ich, vielleicht sogar bessere. Warum bekommen wir dann diese Sonderbehandlung?"

Unnachahmlich ihre Geste, als sie nach einer großen Versammlung in einer überfüllten deutschen Kirche einen Blumenstrauß überreicht bekam. Einen Augenblick lang stand sie steif und unbeholfen da, ganz die schüchterne kleine Nonne von einst, dann ging sie schnell zum Altar, kniete nieder und legte die Blumen auf die Altarstufen, vor den Tabernakel, wo nach ihrem festen Glauben ihr Freund Jesus unter den Menschen wohnt.

„Das Werk ist sein Werk und soll es bleiben" – wenn Mutter Teresa das sagt, klingt es echt und nicht so schrecklich hohl wie die Bekenntnisse vieler religiöser Führer, die vom armen Nazarener reden und verdächtig großen Wert auf Titel, Machtsymbole und Ehrenbezeigungen legen. „Das Werk ist sein Werk, wir alle sind nur seine Werkzeuge, die ihr weniges tun und vergehen."

Pater van Exem, ein früher Weggefährte ihrer Gemeinschaft, erinnert sich, einmal habe sie in einem Gespräch versonnen mit einem Bleistiftstummel gespielt und gesagt: „Sehen Sie, so ungefähr verhält es sich bei mir. Ich bin sozusagen sein Bleistift, ein kleiner, unbedeutender Bleistiftstummel in seiner Hand, mit dem er schreibt, was er will."

„Ich denke nie über Geld nach, es kommt stets"

Teresas ungekünstelte Schlichtheit paart sich allerdings mit einem Organisationstalent, um das sie mancher Konzernchef beneiden könnte. Ihr Gespür dafür, wo auf der Welt die Not am größten ist und wo sie ihre Schwestern am sinnvollsten einsetzen kann, ist schon Legende. Die gesamte Verwaltungsarbeit für ein ungemein effektives Hilfswerk mit 4 600 Nonnen auf allen Kontinenten, mit mehr als 170 Schulen, Obdachlosenheimen, Lepradörfern allein in Indien schaffen zwei Schwestern mit einer altersschwachen Schreibmaschine.

Dahinter steckt ein einfaches Geheimnis, das dem neiderfüllten Manager freilich herzlich wenig nützen dürfte: ein fast schon naives Gottvertrauen, das die Schwestern vom Zwang zum ständigen Kalkulieren erlöst und für ihre unmittelbaren Aufgaben frei macht.

„Ich denke nie über Geld nach", sagt sie lachend und zuckt die Achseln. „Es kommt stets. Der Herr schickt es uns. Wir tun sein Werk, er sorgt für die Mittel. Wenn er sie uns nicht gibt, dann bedeutet das, daß er das Werk nicht wünscht. Wozu sich da aufregen?"

„Gott wird sorgen", den Spruch führte sie ständig im Munde. Was nach leichtfertiger Unvernunft klingen mag, war erstens gut biblisch begründet – Teresa:

„Es ist etwas Großes, daß Gott uns verspricht, wir seien für ihn mehr als die Blumen und die Vögel und das Gras" – und wurde zweitens nicht selten bestätigt durch merkwürdige Ereignisse, die man sonst nur aus Heiligenlegenden kennt:

Eines Morgens hatten die *Missionaries* in Kalkutta keinen Reis mehr für die viertausend Hungernden, die täglich zu ihnen kamen. Eine verzweifelte Situation. Die Leute standen da, fassungslos enttäuscht, manche wütend. Doch um neun Uhr ratterten zwei mit Brot beladene Lastwagen heran. „Es war die größte Menge Brot, die jene Leute in ihrem Leben je gesehen hatten", berichtete Teresa und löste das Rätsel: „Die Schulen waren an diesem Tag unerwarteterweise geschlossen worden, und so wurde das Brot, das dort gebraucht worden wäre, den Schwestern geschickt."

„Ihr seht also: Gott ist zuvorkommend", fügte sie in ihrer unbefangenen Art hinzu. „Er wird uns niemals verlassen, wenn wir ihm vertrauen, selbst wenn er den Leuten einen Streich spielen müßte, indem er Schulen schließt."

Was nicht verhindert, daß Teresas riskante Methode des radikalen Gottvertrauens bisweilen zu Katastrophen führt – doch wenn irgendwo absolut kein Geld mehr da ist, rät sie den Schwestern eben, betteln zu gehen, und die Welt gerät deshalb auch nicht aus den Fugen. Viel schlimmer wäre es, sich von irdischen Sicherheiten abhängig zu machen!

Über Spenden freut sie sich natürlich, aber von Daueraufträgen hält sie nichts: „Daueraufträge bedeuten Sicherheit, ich aber will von Gottes Vorsehung abhängen!" Aus einem ähnlichen Grund nimmt sie auch keine Regierungszuschüsse an. Denn dann müßte die bescheidene Organisation und Buchführung gewaltig aufgebläht werden, und irgendwelche teuer ausgebildeten Schwestern würden sich mit Wirtschaftsprüfern und Finanzbeamten herumärgern, statt praktische Nächstenliebe zu betreiben.

Teresa beherrschte perfekt die verrückte Arithmetik, die diese unmittelbar geübte Liebe auszeichnet: Was wir teilen, wird mehr! Schenken macht oft mehr Freude als Besitzen, und es gibt Kostbareres als materielle Werte: „Wenn du zwei Brote hast", rät ein weiser Hindu-Spruch, „gib eins den Armen, verkauf das andere – und kaufe Hyazinthen, um deine Seele zu speisen."

„Unser Abhängigsein von Gottes Vorsehung ist der feste und lebendige Glaube, daß Gott uns helfen kann und will. Daß Er es kann, liegt auf der Hand, denn Er ist allmächtig; daß Er es will, ist sicher, weil Er es an vielen Stellen der Heiligen Schrift versprochen hat und weil Er in all seinen Versprechen unendlich treu ist. Christus ermutigt uns, diesen Worten zu vertrauen: ‚Alles, worum ihr betet und bittet – glaubt nur, daß ihr es schon erhalten habt, dann wird es euch zuteil.' Auch der Apostel Petrus weist uns an, alle Sorgen auf den Herrn zu werfen, der für uns sorgt. Und warum sollte sich Gott nicht um uns sorgen, da Er uns ja seinen Sohn gesandt hat, und mit ihm alles? Der heilige Augustinus sagt: ‚Wie kannst du daran zweifeln, daß Gott dir Gutes tun will, da Er sich herabließ, unsere Schuld auf sich zu nehmen?'
Das muß uns mit Vertrauen in die göttliche Vorsehung erfüllen, die sogar die Vögel und die Blumen erhält. Wenn doch Gott die jungen Raben, die zu Ihm schreien, füttert, die Vögel nährt, die weder säen noch ernten, die Blumen auf dem Feld so prächtig kleidet, wieviel mehr wird Er für die Menschen sorgen, die Er nach seinem Bild geschaffen und als seine Kinder angenommen hat, wenn wir uns als solche verhalten, seine Gebote befolgen und ihm vertrauen.
Ich will nicht, daß die Arbeit zum Geschäft wird, sie soll ein Werk der Liebe bleiben. Ich möchte, daß auch du ganz dar-

auf vertraust, daß uns Gott nicht enttäuschen wird. Nimm Ihn beim Wort, und suche zuerst das Reich Gottes, und alles andere wird dir gegeben werden."

„Wir müssen uns in Gott verlieben"

Mutter Teresa hatte eine Beziehung zu Gott wie ein Kind zu seinem Vater, und sie fand ihn nicht in philosophischen Weltmodellen oder mystischen Erlebnissen, sondern hautnah in jedem Menschen, der ihr über den Weg lief. Das ist ihr ganzes Geheimnis. Ihre leidenschaftliche Liebe zu den Armen, Kraftlosen, Kaputtgemachten war die Antwort auf eine Liebe, die sie selbst erfuhr und von der sie lebte. *Love as I loved you* – „liebe, wie ich dich geliebt habe", steht am Fuß des Kreuzes, das in keiner Kapelle ihrer Niederlassungen fehlt.

In Delhi begegnete Teresa einem Beamten des indischen Wohlfahrtsministeriums. Er äußerte sich sehr beeindruckt über ihre Arbeit und fragte, ob sie nicht eine Gruppe von etwa zwanzig seiner Kollegen ausbilden könne, gegen gutes Geld natürlich. Die Beamten sollten sich den Geist der *Missionaries* und ihre offensichtlich sehr effektiven Methoden aneignen.

Pater Edward Le Joly, der geistliche Begleiter der Gemeinschaft, reagierte ziemlich skeptisch, als ihn Teresa um Rat fragte: „Ich meine, Sie sollten diesem Herrn einmal klarmachen, daß die Schwestern von einer bestimmten Motivation her aktiv werden, die sich nicht einfach an Sozialarbeiter vermitteln läßt, wenn diese den Glauben an Christus nicht teilen." Na ja, man könne vielleicht jeweils zwei von ihnen jeden Morgen mit den Schwestern zur Arbeit losschicken und am Abend mit ihnen über ihre Eindrücke sprechen. Aber ob sie wirklich Geschmack am Programm der Gemeinschaft finden würden? Wie erwartet, kam das Projekt dann nicht zustande.

In der Tat sind die Schwestern keine Sozialarbeiterinnen mit ein paar guten Ideen und Techniken, die jeder nachahmen könnte. Sie existieren für Christus, sie leben aus Christus, das unterscheidet sie von jeder noch so selbstlosen „weltlichen" Lehrerin oder Ärztin. „Wenn wir den Armen dienen, dann dienen wir Jesus", wiederholt Teresa ein ums andere Mal. „Ihn pflegen wir, ihm geben wir zu essen, ihn kleiden wir, ihn besuchen und trösten wir, wenn wir die Armen trösten, die Verlassenen, die Kranken, die Waisen, die Sterbenden .... Unser Leben hat keinen anderen Sinn und keine andere Motivation."

„Was auch immer du tust:
Als ich hungrig war,
gabst du mir zu essen,
als ich durstig war,
gabst du mir zu trinken.

Was auch immer du dem geringsten
meiner Brüder tust, das tust du mir.
Nun tritt ein in das Haus meines Vaters.

Als ich obdachlos war,
öffnetest du deine Türen;
als ich nackt war,
gabst du mir deinen Rock;

als ich müde war,
halfst du mir Ruhe finden;
als ich ängstlich war,
nahmst du mir all meine Furcht;

als ich klein war,
lehrtest du mich lesen;

Begegnung zwischen Mutter Teresa und Frère Roger, Taizé, im Oktober 1994

als ich einsam war,
gabst du mir Liebe;

als ich im Gefängnis war,
kamst du in meine Zelle;
als ich auf dem Krankenbett lag,
pflegest du mich;

im fremden Land
schenktest du mir Heimat;
als ich arbeitslos war,
suchtest du Arbeit für mich;

als ich in der Schlacht verwundet war,
verbandest du meine Wunden;
als ich nach Güte mich sehnte,
hieltest du meine Hand;

als ich Neger war,
Chinese oder Weißer,
verspottet und beleidigt,
trugst du mein Kreuz;

als ich alt war,
schenktest du mir dein Lächeln;
als ich ruhelos war,
hörtest du mich geduldig an;

du sahst mich bedeckt
mit Speichel und Blut,
du erkanntest mich,
obwohl ich bedeckt war
von Schmutz und Schweiß;

als man mich auslachte,
standest du mir zur Seite;
als ich glücklich war,
teiltest du meine Freude."

Der Zusammenhang zwischen dem hilfsbedürftigen Menschen und dem menschenfreundlichen Gott, mehr noch: die Identifikation zwischen dem in Christus zum Menschen gewordenen Gott und dem zum elenden Nichts gewordenen Menschen ist unauflöslich. Teresa denkt und fühlt wie jener Kirchenvater, der die klassische Formel christlicher Weltzuwendung prägte: *Gloria Dei vivens homo* – „Die Ehre Gottes ist der lebendige Mensch."

Die Schwestern haben sich nicht einfach einen Beruf ausgesucht, je nach Eignung und Neigung, sie antworten auf einen Ruf. „Er hat uns erwählt", stellt Teresa klar. „Nicht wir haben ihn als erste erwählt. Doch antworten sollen wir, indem wir aus unserer Gemeinschaft etwas Schönes für Gott machen .... Wir müssen uns verlieben in ihn." Er redet, er zeigt den Weg, er gibt die Kraft – das ist wichtiger als menschliche Ideen und Ängste.

„Er möchte in dir sein Leben leben", ermuntert Teresa ihre Gesprächspartner, „mit deinen Augen sehen, mit deinen Füßen gehen, mit deinem Herzen lieben." Nichts anderes ist nötig, als das zuzulassen! „Er wird das Gute aus einem herauslocken .... Das ist das Schöne an Gott, nicht wahr? Daß er sich herablassen kann und einen fühlen läßt, daß er von einem abhängt .... Das ist das Schönste an Gott, nicht wahr? Daß er allmächtig ist und sich einem doch nicht aufdrängt."

Schlichter geht es nicht mehr, gewiß. Ob dem mit Fischern und Landarbeitern durch Galiläa wandernden Handwerkersohn Jesus so eine unbefangene Rede nicht besser gefallen hätte als die hochgetürmten Gedankengebirge einer verkopften Theologie?

„Ist Dir Jesus schon einmal begegnet?“ hat eine Schweizer Schulklasse die „liebe Mutter Teresa“ 1979 in einem bezaubernden Brief gefragt. „Wir glauben, er ist Dir schon begegnet, oder er hat schon mit Dir gesprochen. Du könntest doch sonst die große Kraft gar nicht finden.“ Denise und Monika, Martin und Myriam haben in ihrer Gruppe „Krokofant“ Geld gesammelt, damit die Nonne Essen und Betten für die Armen Kalkuttas kaufen kann; aber noch mehr hat sich Teresa vermutlich darüber gefreut, daß die Kinder so gut verstanden haben, wo die Wurzeln ihrer Kraft liegen.

Selbstverständlich in ihrem eisernen Glauben, wird jeder sagen, der nur ein wenig über ihr Leben weiß. Pater van Exem, ihr alter Freund und Bewunderer, wurde einmal gefragt, was ihm Besonderes an Mutter Teresa aufgefallen sei, und er antwortete lächelnd: „Ihre kleine Gestalt und ihr großes Gottvertrauen.“

Die Kraft ihrer Hingabe, die bedingungslose Entschlossenheit, mit der sie ihren guten Beruf an der *St. Mary's High School* aufgab, um bloß noch für die Ausgestoßenen dazusein, der zähe Lebenswille, mit der sie in den letzten Lebensjahren Herzattacken, Lungenprobleme, Nierenschmerzen und die quälende Gicht in den Füßen überwand, um noch ein paar Monate, ein paar Wochen länger arbeiten zu können – alles Ausdruck einer unerhört vitalen Religiosität, die mehr mit stählerner Disziplin zu tun hatte als mit romantischen Gefühlen.

Aber da war keine Spur jener mitleidlosen Härte, die religiöse Führungsnaturen manchmal auszeichnet. Ihr Glaube schien den Himmel stürmen zu wollen, ungeduldig, zielstrebig, alle trägen Widerstände niederreißend – aber nicht aus Pflichtbewußtsein, sondern aus Liebe. Wenn sie über ihre Beziehung zu Christus sprach, klang es (bei allem Gehorsam) nicht wie ein Dienstvertrag, sondern wie ein Liebesbrief.

Gern zitierte sie die betörenden Zusagen beim Propheten Jesaja: „Fürchte dich nicht, denn ich habe dich ausgelöst, ich habe dich beim Namen gerufen, du gehörst mir .... Weil du in meinen Augen teuer und wertvoll bist und weil ich dich liebe .... Kann denn eine Frau ihr Kindlein vergessen, eine Mutter ihren leiblichen Sohn? Und selbst wenn sie ihn vergessen würde: Ich vergesse dich nicht. Sieh her: Ich habe dich eingezeichnet in meine Hände ...“ Und sie wiederholt immer wieder: Menschen sind kostbar, jeder einzelne von ihnen, Gott liebt uns.

„Jesus“, so einfach hat sie das Gelübde der Keuschheit begründet, das ihre Schwestern ablegen wie alle Ordensleute, „Jesus schenkt uns für das ganze Leben seine persönliche Freundschaft und hüllt uns in Zärtlichkeit und Liebe ein. Es ist etwas Wunderbares, daß Gott selbst uns zärtlich liebt.“

Nonnen wie Teresa haben kein Liebesdefizit. Sie fühlen sich nicht zum Verzicht gezwungen, sondern beschenkt. Und sie fühlen sich durchaus als Frauen; „wir sollten uns nicht schämen, Jesus mit unseren Gefühlen zu lieben“, gab sie einmal zu bedenken.

Hundertmal zitiert wurde ihre schlagfertige Erwiderung, als ein amerikanischer Professor zweifelnd bemerkte, wenn sie verheiratet wäre, würde sie nicht von den Menschen verlangen, lächelnd miteinander umzugehen. O doch, sie sei verheiratet, antwortete sie, „und ich finde es manchmal sehr schwer, Jesus anzulächeln, denn er kann schrecklich fordernd sein“.

Deshalb ist den *Missionaries* das Beten keine lästige Pflicht (wenigstens in der Regel nicht, nehmen wir einmal an), sondern ein Herzensbedürfnis. Und die regelmäßigen Gebetszeiten in allen Häusern der Gemeinschaft – Eucharistiefeier am Morgen, eine halbe Stunde Meditation, gemeinsames Gebet am Nachmittag und eine Stunde Anbetung am Abend – lenken sie nicht von ihrer „richtigen Arbeit" ab, wie die Weltleute draußen argwöhnen, im Gegenteil. Beten macht das Herz weit für Christus und die Not der Menschen.

„Wenn wir beten, werden wir glauben", erklärte Teresa in der gewinnend schlichten Beweisführung, die so typisch für sie war. „Wenn wir glauben, werden wir lieben. Wenn wir lieben, werden wir dienen. Nur dann kann unsere Liebe zu Gott sich in lebendiges Tun wandeln durch den Dienst für Christus, verborgen unter dem elenden Mantel der Armut."

Aber das Gesetz funktioniert auch andersherum: Wie sie die Menschen, die ihren Glauben verloren hätten, auf den Weg zum Himmel zurückbringen wolle, wurde sie einmal gefragt. Teresas Antwort: „Dadurch, daß ich sie in Berührung mit den Menschen bringe. Denn in den Menschen werden sie Gott finden."

Begegnung und Stille, Kontemplation und Aktion gehörten für sie immer zusammen. „Je mehr wir im stillen Gebet empfangen", hat sie gesagt, „desto mehr können wir in unserem tätigen Leben geben. Wir brauchen die Stille, um Seelen anrühren zu können." Anders ausgedrückt: „Das echte innere Leben bewirkt, daß das aktive Leben hell brennt und alles verzehrt. Es hilft uns, Jesus in den finsteren Löchern der Barackenviertel zu finden, im jammervollsten Elend der Armen, den nackten Gottmenschen am Kreuz, den traurigen, von allen verachteten, von Geißelung und Kreuzigung wie einen Wurm zertretenen Mann der Schmerzen .... Dort ist das Königreich Christi ..."

Love as I loved you – „Liebt, wie ich euch geliebt habe" –, das ist das ganze Geheimnis. Mit einem etwas mystischen Zungenschlag gesagt: „Wahrer Christ zu sein bedeutet, ein anderer Christus füreinander zu sein." Ein Blick auf das Kreuz sei genug: das den Menschen zugeneigte Haupt des sterbenden Christus, seine wie zur Umarmung ausgebreiteten Arme, sein offenes Herz – in derselben Haltung sollen die Menschen aufeinander zugehen.

Die enge Beziehung der *Missionaries* zum Kreuz läßt den tiefsten spirituellen Hintergrund ihres Engagements erahnen: Laut Teresa sind sie berufen, „den unendlichen Durst eines Mensch gewordenen Gottes zu stillen, der gelitten hat, gestorben und auferstanden ist .... Wir sollen den Durst löschen, den Jesus nach den anderen und nach uns verspürt." Deshalb steht in ihren Hauskapellen unter dem Kreuz noch ein zweites Wort, das der Evangelist Johannes dem Messias in seinem Todeskampf zuschreibt: *I thirst* – „Mich dürstet."

Sich aufzehren lassen von Liebe wie der hingerichtete Christus, sich von seinem Hunger nach Liebe anstecken lassen – die Schwestern erfahren es jeden Morgen bei der Eucharistiefeier, wenn das Brot gebrochen und der Tod Christi erneut gegenwärtig wird. Deshalb ist die tägliche Kommunion für Teresas Gemeinschaft so eminent wichtig, weil dieses Einswerden mit dem aus Liebe sterbenden Jesus die stärkste Motivation für ihre Arbeit darstellt. „Versucht zu begreifen, wie Jesus es zuläßt, zerbrochen zu werden!" bat sie ihre Schwestern.

„Als Missionarinnen der Nächstenliebe sind wir berufen, Jesu Gegenwart vor allem unter der Gestalt des Brotes zu sehen und Ihn in den entstellten Leibern der Armen zu berühren. Als Christus das Brot nahm, sprach Er: ‚Nehmt und eßt, das ist mein Leib, der für euch hingegeben wird.' Indem Er sich selbst hingibt, lädt Er uns ein, kraft der Mächtigkeit seiner Liebe zu wachsen, damit auch wir tun, was Er getan hat. Christi Liebe zu uns wird uns die Kraft geben und uns dazu drängen, uns auch selber für Ihn hinzugeben. ‚Laß zu, daß die Schwestern und die Leute dich aufzehren.' Wir haben kein Recht, unser Leben anderen zu verweigern, durch die wir mit Christus in Berührung kommen. […]
Was uns betrifft, dürfen wir die Eucharistie nie von dem Armen und den Armen nie von der Eucharistie trennen. Du bist wirklich eine wahre Missionarin der Nächstenliebe, wenn du zu den Armen gehst und Jesus mit dir bringst. Er stillt meinen Hunger nach Ihm, und nun breche ich auf, seinen Hunger nach Seelen, nach Liebe zu stillen.
Deshalb ist Jesus Brot geworden: um unseren Hunger nach Gott zu stillen. Betrachte die Demut Gottes: Er hat sich selbst zum Hungernden gemacht, um seinen göttlichen Hunger mit unserer Liebe, mit unserem Dienst zu stillen. Beten wir, daß keine von uns untreu werde. Beten wir für unsere Armen, daß auch sie nach Gott hungern."

Ein zerbrechlicher, verwundbarer Gott ist es, an den sie glaubt: ein Bruder aller Leidenden und Weggedrängten. Betlehem und Golgota gehörten für sie eng zusammen: In Betlehem ist Gott ein hilfsbedürftiges Kind geworden. „Gott nahm einen kleinen Leib an, einen so kleinen Leib." Und seit er sich diesen schutzlos preisgegebenen Körper ans Kreuz nageln ließ, hat er sich für uns verfügbar gemacht – in einem kleinen Stück Brot.

Teresa bat ihre Schwestern, sich zu fragen, welche Wunden *sie* ihm mit ihren Gedankenlosigkeiten und Halbheiten zugefügt hätten: „Stammen die Nägel von mir? Ist der Speichel in seinem Antlitz von mir? Welche Stelle seines Leibes und seines Geistes hat meinetwegen gelitten?" Mit einem unbedachten Wort könne man einen Nagel in das Herz eines anderen Menschen treiben.

Das Elend teilen

Nach dem Maß der Liebe werde der Mensch einmal vor Gottes Angesicht gerichtet werden, sagte sie bei der Entgegennahme des „Jawaharlal-Nehru-Preises", „nach dem Maß, wieviel wir geliebt, nicht wieviel wir geleistet haben, sondern wieviel Liebe wir in unser Tun gelegt haben". Eine schrecklich schöne Wahrheit. Christentum sei „Geben", auf diese konkurrenzlos einfache Formel hat es ein von ihr gern zitierter Hindu gebracht.

Die Liebe, die – altbekannte Binsenweisheit – Frucht eines aufrichtigen Glaubens ist, muß nach Teresas Überzeugung nicht außergewöhnlich sein, aber beständig! Ihre Schwestern erinnerte sie einmal an das Gleichnis von den törichten und den klugen Jungfrauen und meinte, das „Öl in unseren Lampen" müßten die kleinen Dinge des Alltags sein: „die Treue, die Pünktlichkeit, die kurzen Worte der Güte, einfach ein Wort für die anderen, unsere Art zu schweigen, zu blicken, zu sprechen und zu handeln".

Nicht bloß helfen, weil es notwendig ist – mit Freude helfen: „Ein fröhliches Herz ist in der Regel das Ergebnis eines Herzens, das vor Liebe brennt. Laßt niemals etwas euch so mit Sorgen erfüllen, daß ihr die Freude des auferstandenen Christus vergeßt!" Nicht bloß Dienste verrichten – aufmerksam sein: „Zuvorkommenheit den anderen gegenüber ist der Anfang der Heiligkeit. Wenn ihr es lernt, zuvorkommend zu sein, werdet ihr Christus immer ähnlicher werden, der im Herzen freundlich war und sich immer den Nöten der anderen zuwandte. Euer Leben wird schön, wenn ihr euch um die anderen sorgt."

In einer solchen Haltung getan, gewinnt die banalste Arbeit eine Tiefendimension. Arbeit, aus Liebe getan, kann unscheinbar sein, aber nie schlampig. Nicht die Arbeit an sich sei die Berufung der *Missionaries,* präzisierte Teresa: „Unser Beruf ist, *ihm* anzugehören. Deswegen bin ich bereit, alles zu tun: zu waschen, zu scheuern, zu putzen. Ich bin wie eine Mutter, die ein Kind zur Welt gebracht hat: All ihre Arbeit – das Waschen, das Aufstehen in der Nacht und so fort – beweist, daß das Kleine ihr gehört. Sie wird das für kein anderes Kind tun, aber für das eigene ist sie zu allem bereit. Wenn ich Jesus angehöre, werde ich alles Erdenkliche für Jesus tun."

Die Verbindung mit ihm ist das Zentrale, sie prägt die „Methode" der Schwestern und macht den Unterschied zwischen Sozialarbeiterinnen und *Missionaries* unübersehbar klar: „Jesus wollte helfen, indem er unser Leben teilt", so Teresa, „unsere Einsamkeit, unsere Schmerzen, unseren Tod .... Wir dürfen das gleiche tun." Befreiung, indem Christus unser Leben teilt und wir Menschen das Leben unserer Menschenschwestern und -brüder. Das Elend der Armen – nicht nur ihre materielle Not, sondern auch die des Geistes und der Seele – muß erlöst werden, „und wir müssen es teilen, denn nur, wenn wir eins mit ihnen sind, können wir sie erlösen, das heißt, daß wir Gott in ihr Leben bringen und sie zu Gott bringen".

Zu einem Gespräch mit Papst Johannes Paul II.
am 5. Februar 1992 in Rom

Das Elend teilen, das heißt mehr als stundenweises Jobben in einem Krankenhaus oder Obdachlosenasyl. Das Elend teilen, das bedeutet ermüdend lange Wege, Bahnfahrten in vollgestopften Abteilen dritter Klasse, schlechtes Essen, wenn man Glück hat, nicht selten aber auch quälenden Hunger, Schlafen in primitiven

Unterkünften, Mangelkrankheiten. (Es ist der einzige Punkt, an dem Teresa nicht konsequent ist, Gott sei Dank, denn sie achtet darauf, daß ihre Schwestern einfach, aber ausreichend zu essen bekommen, vor allem die jungen. Ausgemergelte Wracks können niemandem helfen.) Das Elend teilen, das bedeutet, schief angeschaut, verachtet und abgewiesen zu werden. Im Extremfall bedeutet es Schläge und Verfolgung.

Vielleicht bedeutet es aber auch einfach – Heiligkeit. Wenn man Teresa zuhört, erscheint der heute allgemein belächelte Wunsch, heilig zu werden, plötzlich ganz normal. Als selbstverständliche Voraussetzung einer lebenswerten, menschenwürdigen Welt. Was bedeute denn Heiligkeit, fragt Teresa fast wegwerfend und gibt die Antwort: „Gottes Willen lächelnd zu tun." Oder mehr theologisch abgesichert: Christus müsse sein Leben voll in uns leben können.

Jedenfalls ist Heiligkeit, so gesehen, kein Luxus einiger weniger besonders Begnadeter (oder besonders Verrückter, wenn man so will), sondern „einfach eine Pflicht für jeden von uns". Es ist ein sehr selbstkritischer Anspruch für die *Missionarics*. Teresa: „Gott sagte zu einer Schwester: ‚Ich habe viele Ordensfrauen wie dich, gewöhnliche und gute. Ich könnte mit ihnen die Straßen pflastern. Aber ich will glühende Schwestern, Heilige' .... Heilig werden wollen heißt: Mich von allem entblößen, was nicht Gott ist."

Respekt statt Mitleid

Wer den Kampf gegen das aus Hunger, Gewalt und Angst geborene Elend aufnehmen will, darf sich wohl auch keine geringeren Ansprüche setzen. Denn bloß ein bißchen Mildtätigkeit nützt denen wenig, die beim gesellschaftlichen Verteilungskampf um Jobs, Geld und Lebensraum auf der Strecke geblieben sind. Wobei für Teresa die schlimmste Krankheit nicht der Hunger ist und nicht die Tbc, sondern das Gefühl, unerwünscht zu sein. Eine Krankheit, für die es kein Medikament gibt außer der glaubwürdigen Zuwendung aus Liebe.

Deshalb versuchte sie, die Menschen in Dreck und Elend nicht zu bemitleiden, sondern zu achten. Unter der Kruste der Armseligkeit entdeckte sie ihre Würde: „Ihr könnt manchmal auf eine Mahlzeit verzichten", führte sie ihren Zuhörern im immer noch wohlhabenden Westen vor Augen, „doch sie! Tag für Tag leiden sie Hunger, sterben einsam; ohne Unterkunft, auf die Straße geworfen, irren sie umher; von Tag zu Tag versuchen sie zu überleben. Dieser Kampf, dieser ungeheure Mut ist ihre Größe."

Leere Worte? Ein furchtbar zugerichteter Mensch aus irgendeinem Slum kam in ihre Ambulanz; er war brutal zusammengeschlagen worden, wollte aber den Namen seines Peinigers nicht nennen. Und das nicht aus Angst! Als Teresa darauf beharrte, den Namen des Schlägers zu erfahren, man müsse ihn doch zur Verantwortung ziehen, beendete der Verletzte das Gespräch mit dem souveränen Argument: „Seine Leiden würden meine nicht mindern."

Von der Kraft der Armen könne man so viel lernen, von ihrer noch im Tod bewiesenen Würde: „Sie strahlen Freude aus", erzählte Teresa ihrem überraschten Publikum, „wenn sie dorthin zurückkehren, woher sie kommen: zu dem einzigen, der sie liebt. Diejenigen, die viele Güter und Reichtümer besitzen, sind davon besessen. Sie glauben, das einzige, was zähle, seien Besitz und Reichtum. Es fällt ihnen schwer, das alles zu verlassen. Weil die Armen nichts besitzen, sind sie frei, und diese Freiheit erlaubt ihnen, mit Freude die Welt zu verlassen."

Es war ein besonders schlimmer Tag, als sie auf den Straßen von Kalkutta im Lauf der Stunden rund vierzig Kranke und Sterbende fand. Darunter eine Frau, in schmutzige Lumpen gehüllt, deren Leben bereits am Verlöschen war. „So hielt ich einfach ihre Hand und versuchte sie zu trösten. Ich habe niemals solch ein schönes Lächeln auf einem Gesicht gesehen! Sie sagte nur ein Wort: ‚Ich danke Ihnen.' Dann starb sie."

Die Frau hat sich geirrt, wenn man Teresas Logik glauben will, denn *sie* war es, die der Sterbenden zu danken hatte: „Ihr war mehr daran gelegen, mir zu geben, als von mir zu nehmen. Ich versetzte mich an ihre Stelle und überlegte, was ich wohl getan hätte. Ich bin sicher, ich hätte versucht, die ganze Aufmerksamkeit auf mich zu ziehen. Ich hätte gesagt: ‚Ich sterbe, ich habe Hunger, ich friere, rufen Sie einen Arzt, einen Priester, irgend jemand.' Doch was sie tat, war etwas so Schönes. Diese Frau kümmerte sich mehr um mich als ich mich um sie."

Immer wieder erzählte sie die Geschichte von dem vierjährigen Hindu-Jungen aus Kalkutta, der gehört hatte, daß den *Missionaries* die Zuckervorräte für die Kinder der ganz Armen ausgegangen seien. „Er lief nach Hause und sagte zu seinen Eltern: ‚Ich werde drei Tage lang keinen Zucker essen.' Die Eltern brachten ihn zu uns, und er brachte ein kleines Glas voll Zucker mit und sagte: ‚Nimm das für deine Kinder.'"

Oder die Begegnung mit dem Bettler, der ihr seine Tageseinnahmen aufdrängte, nicht einmal eine Rupie. Ein paar Pfennige in unserer Währung. „Ich dachte einen Augenblick: Wenn ich das Geld nehme, hat er heute abend nichts zu essen, und wenn ich es nicht nehme, wird ihn das kränken. Also streckte ich die Hände aus und nahm das Geld. Ich habe niemals so viel Freude in einem Gesicht gesehen wie in dem Gesicht dieses Bettlers – daß auch er Mutter Teresa etwas geben konnte!" Für die paar Münzen würde sie nichts bekommen, „aber als er sie wegschenkte und ich sie annahm, wurden sie wie Tausende, weil sie mit so viel Liebe gegeben wurden".

Armut ist kein Schicksal

Man hat Mutter Teresa vorgeworfen, die Armut zu mystifizieren und eine Lust am Leiden zu predigen. Aber sie unterschied genau zwischen der frei gewählten, zeichenhaften Armut der Ordensleute und dem zwangsweise auferlegten Elend, das aus ungerechten Strukturen folgt. Selbstverständlich wußte sie um die gesellschaftlichen Ursachen der Armut, und sie redete Klartext, wenn die Sprache darauf kam.

„Armut ist eine Schöpfung von dir und mir", stellte sie dann fest, „das Ergebnis unserer Weigerung, mit anderen zu teilen. Gott hat die Armut nicht erschaffen, er schuf nur uns. Das Problem wird nicht gelöst sein, bis wir fähig werden, unsere Habgier aufzugeben." In der Stunde unseres Todes, das prophezeite sie, werden die Armen unsere Richter sein; Christus wird uns danach beurteilen, ob wir ihn in ihnen erkannt und entsprechend gehandelt haben. Denn auch ihr Verhältnis zu den Armen läßt sich nicht allein vom gesunden Menschenverstand her begreifen, sondern nur als Konsequenz des Evangeliums, wo sich Christus mit den Geringsten seiner Brüder gleichsetzt: „Wenn ihr ihnen den Rücken zukehrt, kehrt ihr Christus den Rücken zu!“ Und was sei das menschliche Elend anderes als Christi „jämmerliche Verkleidung“?

Den Habenichtsen, den Ausgegrenzten und Verachteten wollte Mutter Teresa zeigen, woran sie mit allen Fasern ihres leidenschaftlichen Herzens glaubte: Gott hat jeden einzelnen Menschen unendlich lieb. Auf bloße Predigten hin wird das freilich kein Armer glauben. Und deshalb ließ Teresa auch nie einen Zweifel daran, daß die Liebe ein hartes Geschäft ist. „Wir müssen geben, bis es weh tut“, pflegte sie zu sagen. „Wahre Liebe muß weh tun!“ Denn auch Gott hat es weh getan, die Menschen zu lieben: Er gab seinen Sohn in den Tod.

Einmal kam eine Gruppe von Geschäftsleuten zu ihr, um das Ergebnis einer Sammlung zu überreichen, die man bei einem Bankett veranstaltet hatte. Mutter Teresa sah sie ein wenig skeptisch an, dann bemerkte sie zögernd: „Ich hoffe, Sie geben nicht nur aus dem Überfluß heraus. Sie müssen etwas geben, das Sie etwas kostet. Es sollte ein Opfer für Sie sein, Sie sollten deswegen auf etwas Liebgewordenes verzichten müssen. Dann hat Ihre Gabe auch vor Gott einen Wert. Dann werden Sie wirklich zum Bruder jener Armen, denen es am Allerdringlichsten fehlt.“

Drastischer ausgedrückt: „Behandeln wir die Armen nicht manchmal wie einen Mülleimer, in den wir all das werfen, was wir nicht essen oder brauchen? ‚Ich kann das nicht essen; das bekommen die Armen. Ich kann dieses Kleid nicht brauchen; also kann ich es den Armen geben.‘ Teile ich die Armut mit den Armen, wenn ich so handle?“ Die Maßstäbe für eine solche Liebe, die etwas kostet, könnten die mildtätigen Satten bei denen finden, die selbst bittere

Not leiden und von deren Größe Mutter Teresa nicht müde wurde zu erzählen.

Ein freundlicher Herr, so schilderte sie bei der Verleihung des Friedensnobelpreises dem exklusiven Publikum, habe sie einmal auf eine Hindufamilie mit acht Kindern aufmerksam gemacht, die seit vielen Tagen nichts zu essen hatte. „Ich nahm genug Reis für eine Mahlzeit und brachte ihn hin. Ihre Augen glänzten vor Hunger. Zu meiner Überraschung nahm die Mutter den Reis, teilte ihn in zwei Hälften und ging hinaus. Als sie zurückkam, fragte ich sie, was sie getan habe. Sie antwortete: ‚Sie sind auch hungrig!'"

Nicht daß sie den Nachbarn – einer muslimischen Familie übrigens – etwas abgab, erstaunte Mutter Teresa dabei am meisten, sondern daß sie in ihrem eigenen Hunger um die Not der anderen wußte. Teresas bohrende Frage: „Wissen wir, daß unser Nachbar unsere Liebe braucht? Wissen wir es?"

„In Melbourne habe ich einen alten Mann besucht, von dessen Existenz niemand wußte; ich habe gesehen, daß sein Zimmer in einem erbärmlichen Zustand war, und wollte es aufräumen. Er hat mich daran gehindert: ‚Mir geht es sehr gut.' Ich habe nichts gesagt, und zuletzt hat er es erlaubt.
In seinem Zimmer stand eine wunderschöne, ganz verstaubte Lampe. Ich fragte ihn: ‚Warum zünden Sie diese Lampe nicht an?' ‚Für wen? Mich besucht ja niemand. Ich brauche keine Lampe.' Da habe ich ihn gefragt: ‚Werden Sie die Lampe anzünden, wenn die Schwestern Sie besuchen kommen?' ‚Ja, wenn ich eine menschliche Stimme höre, werde ich sie anzünden.'
Und unlängst hat er mir sagen lassen: ‚Sagen Sie meiner Freundin, daß die Lampe, die sie in meinem Leben entzündet hat, immer weiter brennt.'

Das sind die Menschen, die wir kennen müssen.
Wenn wir sie kennen, werden wir lernen, sie zu lieben, und die Liebe wird uns lehren, ihnen zu dienen. Geben wir uns nicht zufrieden, nur Geld zu schenken. Das Geld genügt nicht. Geld kann man erwerben. Aber sie brauchen eure Hände, damit ihr ihnen dient. Sie brauchen eure Herzen, damit ihr sie liebt."

Aus der Rede zur Verleihung des Templeton-Preises

7

„Wir wurden dazu erschaffen, Freude in die Welt zu tragen" –

4600 „Teresas" leben mit den Allerärmsten

„Eine köstliche Vorstellung"
Der Publizist Malcolm Muggeridge über Teresas Angebot, als Stewardeß zu arbeiten

Hodeida im Jemen, in den sechziger Jahren. Die „Missionarinnen der Nächstenliebe" haben es sich in den Kopf gesetzt, die in einem weltabgeschiedenen Dorf zusammengepferchten Leprakranken zu einem menschenwürdigen Leben zu befreien. „Haben Sie seinerzeit den Film *Ben Hur* gesehen?" wird eine der Schwestern später erzählen. „So ungefähr muß man sich die Verhältnisse dort vorstellen .... Wir hatten reichlich Mühe, uns auch nur Zugang zum Dorf zu verschaffen. Der Weg war durch Unrat und Abfälle blockiert. Wir mußten durch knietiefen Schmutz waten. Es gab überhaupt keine Häuser dort. Die Leute wohnten in einer Art Höhlen, die in die Hügel gegraben waren. Als sie uns kommen sahen, rannten sie davon und versteckten sich in ihren Höhlen. Die Kinder rannten, als ginge es um ihr Leben!"

Die Sisters brauchten Wochen, um das Mißtrauen der Aussätzigen zu überwinden, die bisher nur Haß und Verfolgung kennengelernt hatten. Dann bauten sie Häuser, legten Gärten an, schulten die handwerklichen Fähigkeiten ihrer neuen Freunde. Bald lebten in Hodeida 120 Lepröse in einem gut ausgestatteten Heim; bis zu 600 Patienten täglich – auch aus dem kommunistischen Landesteil – kamen in die Ambulanz, und rund 100 Mädchen erhielten Handarbeitsunterricht.

Melbourne, Australien, im April 1970. Teresa geht mit fünf Schwestern auf die Suche nach einem Haus, findet eines, das schon lange leersteht und entsprechend heruntergekommen ist. Noch am selben Tag fegen die sechs den Unrat aus dem Gebäude, dichten das Dach ab, richten einen der vorderen Räume zum Schlafen her. Weil der Platz nicht reicht, muß eine unter dem Tisch nächtigen. Aber die neue Niederlassung „steht"!

So spontan geht es meist zu, wenn die *Missionaries* wieder einen Brennpunkt der Not entdecken. Aber auch so konsequent und zielstrebig. Ihr Hauptquartier befindet sich auch heute noch in Kalkutta, in der *Lower Circular Road*. Hier werden die Einsätze der Schwestern geplant, die Einrichtung neuer Häuser, Sofortmaßnahmen bei Hungersnöten und einfache Ausbildungsprogramme für die Jugend der Slums.

Den ausgehungerten Jungen etwa, die sie auf dem Bahnhof von Kalkutta aufzulesen pflegte, hat Mutter Teresa beigebracht, Kleinmöbel zu bauen und auf dem Markt zu verkaufen. Von Bürokratie, Krisenstäben und zeitraubenden Geschäftsgängen merkt man bei alledem nichts. Kein Wust von Arbeitspapieren, keine Konferenzen am laufenden Band. Daß die Projekte nicht ins Stocken geraten und Wirkung entfal-

Mutter Teresa und die verlassenen Kinder

ten, dafür sorgen vielfältige persönliche Kontakte – mit der Überzeugungskraft, die sich nur von Mensch zu Mensch einstellt.

Drei Saris und ein Strohsack

1950, schon zwei Jahre nach dem Beginn in Kalkutta, hat Papst Pius XII. Teresas neue Kongregation bestätigt – eine für die römische Praxis ungewöhnlich rasche Anerkennung. Jede Woche kamen jetzt neue Kandidatinnen zu Mutter Teresa. Die Nachwuchskrise der Orden ging an dieser recht altmodischen Gemeinschaft mit ihrem spartanischen Lebensstil spurlos vorbei.

„Sehr, sehr wenige haben uns verlassen“, zog die *Mataji* einmal nicht ohne Stolz Bilanz, „wir können sie an unseren Fingern abzählen.“ Verachtung für die Abgesprungenen war nie Teresas Sache. „Wir sind alle nur Menschen“, sagte sie und fügte der Ordensregel die Verpflichtung bei: „Betet für alle, die einmal unserem Orden angehört haben. Gott schütze sie und behalte sie in seiner Liebe.“

Die allermeisten hätten wohl von Anfang an gewußt, worauf sie sich einließen: auf ein unerhört hartes Leben unter extremen Bedingungen. Die *Missionaries of Charity* wollen für die Verlorenen dasein, für die der Name „Arme“ noch viel zu gut scheint: „Nicht die Armen, sondern die Allerärmsten“ seien ihre Gemeinschaft, hat Teresa gesagt. „Es sind die, die nicht in die Kirche gehen, weil sie das in ihren Lumpen nicht wagen. Es sind die, die nichts essen, weil sie nicht mehr die Kraft dazu haben. Es sind die, die auf der Straße umfallen und wissen, daß sie da sterben und daß die Lebenden vorbeigehen, ohne einen Blick auf sie zu werfen. Es sind die, die nicht weinen, weil sie keine Tränen mehr haben."

Wer das Elend dieser Randexistenzen teilen will, darf keine Ansprüche stellen. Die Sisters wohnen zu dritt oder viert in einem kleinen Zimmer, das sie noch dazu ständig wechseln, um keine träge Behaglichkeit aufkommen zu lassen (auch Teresa begnügte sich mit einer Zelle, in der nur ein Bett stand und ein Holztisch, an dem sie spät in der Nacht, als die anderen schliefen, handschriftlich ihre Korrespondenz erledigte). Sie essen von Emailletellern, sehr einfache Kost, viel Reis und Gemüse, haben keinen Fernsehapparat in ihren Häusern, höchstens ein Radio, um informiert zu sein, und verzichten auch bei 45 Grad und mörderischer Schwüle auf Ventilatoren, die in Indien ein Statussymbol der Wohlhabenden sind.

Ihre Gemeinschaft sei für die Armen da, und die einzige Garantie dafür sei ein radikal armer Lebensstil, in diesem Punkt war Teresa eisern. Auch andere Ordensgemeinschaften hätten anfangs den Armen geholfen. Doch was sei daraus geworden? „Allmählich dienten sie Arm und Reich. Und schließlich den Reichen." So eine Entwicklung wollte sie von vornherein verhindern.

Jede Schwester besitzt drei Garnituren Kleidung – jeweils ein weißer Baumwollhabit und ein blaugesäumter Sari –; eine trägt sie, während die andere gewaschen wird und die dritte trocknet. Außerdem gehören ihr noch ein paar Sandalen, eine Waschschüssel, ein Kreuz und ein Strohsack. Das ist alles. Aber es schreckt die nicht ab, die begriffen haben, worum es den *Missionaries of Charity* geht.

„Vor Gott ist unsere Armut demütige Anerkennung und Annahme unserer menschlichen Gebrechlichkeit, unseres Unvermögens und unserer Nichtigkeit; sie ist Wissen um unsere Bedürftigkeit, die sich in der Hoffnung auf Ihn ausdrückt, in der Bereitschaft, alles von Ihm, dem Vater, zu empfangen. Unsere Armut sollte wahrhaft evangelisch sein – liebenswert, heiter, herzlich, stets zu einem Zeichen der Liebe bereit. Die Armut ist Liebe, dann erst Verzicht. Um zu lieben, muß man geben. Um zu geben, muß man von Egoismus frei sein. Im Verlangen, die Armut Christi und die unserer Armen zu teilen:
– sind wir bereit, alles gemeinsam zu haben und alles mit den Schwestern der Kongregation zu teilen,
– nehmen wir von Verwandten, Freunden oder Wohltätern überhaupt nichts für unseren persönlichen Gebrauch an. Was immer uns geschenkt wird, geben wir an unsere Oberen weiter zum Gebrauch in der Gemeinschaft oder im Dienst an den Armen;
– essen wir die Speisen der Menschen, in deren Land wir leben, und ziehen das Billigere vor. Es soll ausreichend und gesund sein, damit wir bei guter Gesundheit bleiben, was wesentlich ist angesichts der Arbeit, die unsere Berufung fordert;
– sollen unsere Häuser einfach und bescheiden sein, Orte, wo die Armen sich daheim fühlen können;
– gehen wir, sooft wir Gelegenheit haben, zu Fuß oder benutzen die einfachen verfügbaren Verkehrsmittel;
– schlafen wir in gemeinsamen Schlafsälen ohne Privatbereich, wie die Armen;
– sind wir und unsere Armen in unseren materiellen wie geistigen Bedürfnissen völlig von der göttlichen Vorsehung abhängig. […]
Unser Herr am Kreuz besaß nichts. Das Kreuz war Ihm von Pilatus gegeben worden, Nägel und Dornenkrone von den Soldaten. Er war nackt, und als Er starb, wurden Ihm Kreuz, Nägel und Krone weggenommen. Er wurde in ein Leinentuch eingewickelt, das Ihm von einem Menschen guten Herzens geschenkt worden war, und bestattet in einem Grab, das nicht das seine war. […]

Die Armut ist notwendig, weil wir den Armen dienen. Wenn sie über das Essen klagen, können wir sagen: Das essen wir auch. Sagen sie: Es war heute nacht so heiß, man konnte nicht schlafen, können wir antworten: Auch uns war so heiß. Die Armen machen ihre Wäsche selbst, sie gehen barfuß: So tun auch wir. Wir müssen uns erniedrigen, um sie zu erhöhen. Das Herz der Armen öffnet sich, wenn wir versichern können, daß wir leben wie sie. Manchmal haben sie nur einen Eimer Wasser. Wir auch. Sie stehen Schlange. Wir auch. Essen, Kleidung, alles soll sein, wie es die Armen haben. Wir fasten. Unser Fasten besteht darin, zu essen, was wir bekommen, ohne auszuwählen.
Obwohl Christus reich war, entäußerte Er sich. Hier liegt der Widerspruch. Will ich arm sein wie Christus – der trotz seines Reichtums arm wurde –, muß ich dasselbe tun. Heutzutage gibt es Leute, die wollen arm sein und mit den Armen leben, möchten aber frei sein, über die Dinge nach eigenem Wunsch zu verfügen. Diese Freiheit haben bedeutet reich sein. Sie wollen beides, was sie jedoch nicht haben können. Das ist eine andere Art von Widerspruch.
Unsere Armut ist unsere Freiheit. Unsere Armut besteht im Verzicht auf unsere Freiheit, über die Dinge zu verfügen, sie zu wählen, zu besitzen. In dem Augenblick, da ich mich der Dinge bediene und über sie verfüge, als gehörten sie mir, in diesem Augenblick höre ich auf, arm zu sein.
Wir müssen uns anstrengen, den wahren Geist der Armut zu erlangen. Er äußert sich in der Liebe, mit der wir die Tugend der Armut als Nachfolge Christi leben, der sie als Gefährtin seines irdischen Lebens unter uns erwählt hat. Christus war nicht gehalten, ein Leben der Armut zu führen, aber indem Er es wählte, hat Er uns gelehrt, wie wichtig die Armut für unsere Heiligung ist."

Die Gemeinschaft war noch ziemlich jung, da gewann eine gewisse Schwester Andrea beim medizinischen Examen eine Goldmedaille. Glücklich kam sie zurück und zeigte Mutter Teresa die Auszeichnung. Die freute sich mit ihr, aber dann fragte sie trocken:

„Nun, Schwester, was wollen Sie damit machen?" Darüber habe sie noch gar nicht nachgedacht, erwiderte Andrea. Darauf die *Mataji*: „Aber Sie müssen nachdenken! Sie brauchen die Medaille nicht. Sie ist ohne Bedeutung. Sie machen keine Praxis auf, Sie schreiben hinter Ihren Namen keinen akademischen Grad. Sie wollen unter den Armen arbeiten. Was nützt da eine Goldmedaille?"

Schwester Andrea fand das ziemlich logisch. Sie trug das hübsche Stück wieder zurück, ein junger Kollege bekam es als Zweitbester im Examen, und beide strahlten: der junge Mann, weil er jetzt eine Medaille im Zimmer hängen hatte, und Schwester Andrea, weil sie sich herrlich frei fühlte.

Armut, frei gewählte Armut macht unabhängig. Das hatte schon der heilige Franz von Assisi erkannt. „Wenn wir Eigentum hätten, bräuchten wir auch Waffen zu unserer Verteidigung!" Sie macht wohl auch mutig, denn was hat ein Armer zu verlieren?

Schwester Andrea übernahm nach einigen Jahren die Leitung von Teresas Niederlassung in der New Yorker Bronx. Sie fand einen Mann auf dem Straßenpflaster, dessen Beine mit Geschwüren bedeckt waren. Als Ärztin wußte sie, daß er dringend Behandlung in einem Krankenhaus brauchte. Sie rief die Ambulanz an, doch stattdessen kam ein Streifenwagen; die Ambulanz mied das verrufene Viertel schon lange.

Der eine Polizist brüllte den Mann sofort an, wie er es wohl mit Pennern und Alkoholikern zu tun pflegte. Vor lauter Angst – vielleicht hatte er auch wirklich etwas zu verbergen – rannte der Kranke in eine Hofeinfahrt und war nicht mehr aufzufinden. Nun nahm die Oberin Andrea ihre ganze Courage zusammen und sagte ruhig, aber bestimmt zu dem Polizisten: „Sir, dieser Mann war Jesus für mich, und was Sie gesagt haben, das haben Sie Jesus gesagt." Dem Cop blieb der Mund offenstehen, so etwas hatte er noch nie gehört. Schließlich entschuldigte er sich bei der resoluten Schwester, kleinlaut wie ein geprügelter Hund, und begann, den verscheuchten Patienten in allen Gassen und Hinterhöfen zu suchen, über eine Stunde lang. Nie mehr werde er einen Menschen so behandeln, versprach er.

Lieber freundlich sein, als Wunder tun

Am erstaunlichsten wirkt auf alle Besucher die Freude, die diese unter unbeschreiblich harten Bedingungen schuftenden Schwestern ausstrahlen. Es ist nicht die für manche christliche Gemeinschaften typische aufgesetzte, ein wenig infantile Fröhlichkeit. Die *Missionaries* leben das, was ihre Gründerin so ausgedrückt hat: „Wahre Heiligkeit besteht darin, Gottes Willen lächelnd zu tun!" Denn was sei die Freude anderes als spontane Folge der Liebe? Es macht die Schwestern glücklich, daß sie helfen können. Ihr Lachen gehört nicht zum Service, es ist echt.

„Die Güte muß auf eurem Gesicht erscheinen", hat ihnen Teresa aufgetragen, „in euren Augen, in eurem Lächeln, in der Herzlichkeit eures Grußes. Ihr müßt den Kindern, den Armen, den Leidenden und Einsamen immer ein freudiges Lächeln schenken. Ihr sollt sie nicht nur pflegen, ihr müßt auch euer Herz schenken." Als der Konvent in Melbourne eingeweiht wurde, 1973, gab sie ihren Schwestern den ebenso nüchternen wie weisen Rat: „Ich will von euch nicht hören, daß ihr Wunder tut und dabei unfreundlich seid! Da ist es mir schon lieber, ihr macht Fehler, seid aber freundlich."

Drei Jahre dauert für die Kandidatinnen die Wartezeit bis zu den Ordensgelübden (die bei den *Missionaries*, wie wir wissen, durch ein besonderes Versprechen erweitert werden, ausschließlich den Ärmsten der Armen zu dienen). Zur Vorbereitung gehören geistliche Einübung, praktische Ausbildung zum Beispiel in Krankenpflege, Sozialarbeit, Medizin, Jura; wenn es nötig ist, auch ergänzende Allgemeinbildung. Wer noch kein Englisch kann, absolviert außerdem einen Sprachkurs, denn Englisch ist die internationale Sprache der Gemeinschaft.

Das Noviziat kann der Ordensnachwuchs in Kalkutta, Rom, Manila, Nairobi, San Francisco oder Warschau absolvieren, in sehr einfach eingerichteten Niederlassungen. Die erste in Rom lag im Armenviertel *Acquedotto felice*, „Glückliche Wasserleitung", das seinen seltsamen Namen von den Ruinen eines antiken Aquädukts hat, und unterschied sich in nichts von den Baracken und windschiefen Gartenhäuschen der Umgebung.

Die sogenannten zeitlichen Gelübde werden zum ersten Mal nach zwei Jahren abgelegt und jährlich erneuert. Erst acht Jahre nach dem Ordenseintritt legt die Schwester ihre ewigen Gelübde ab; davor wird sie für drei Wochen zu ihrer Familie nach Hause geschickt, damit sie sich ihren Entschluß noch einmal gründlich überlegen kann.

Überhaupt die Familien! Mit dem Ordenseintritt zieht ein junger Mensch in der Regel einen sehr viel härteren Trennungsstrich gegenüber Eltern und Geschwistern, als wenn er heiratet oder sich irgendwo einen Beruf sucht. Teresa hat sich sensibel bemüht, solche Belastungen zu mildern.

Josepha Gosselke, langjährige Sprecherin ihrer deutschen Mitarbeitervereinigung, erzählt von einem empörten Vater, der von seiner Tochter nichts mehr wissen mochte, als diese gegen seinen Willen zu Mutter Teresa nach Kalkutta ging. Beim nächsten Deutschlandbesuch wollte Teresa unbedingt diesen bitter enttäuschten Vater kennenlernen. Sie hatte den Termin der Gelübdeablegung vorverlegt, so daß die Feier in Freiburg stattfinden konnte, im Beisein der ganzen Familie und zahlreicher Freunde. Es war ein wunderschöner Gottesdienst, und der Vater hielt nachher mit Tränen in den Augen eine gerührte Ansprache. Bei einer anderen Gelegenheit besuchte Mutter Teresa im nordrhein-westfälischen Wattenscheid das Grab der Eltern einer Schwester, die ihr sehr ans Herz gewachsen war. Die Blumen, die sie zuvor zu ihrem eigenen Geburtstag bekommen hatte, ließ sie auf dem Friedhof zurück.

Von Manila bis zur New Yorker Bronx

4600 Schwestern in 107 Ländern der Erde versuchen heute, so zu leben wie Mutter Teresa. Weit über 500 Krankenstationen, Waisenhäuser, Schulen, Aussätzigenzentren und Sterbeheime haben sie gebaut (wobei die Zahlen meist schon wieder überholt sind, wenn sie gedruckt werden). Seit 1965, als eine Niederlassung in Caracas (Venezuela) gegründet wurde, haben sich die Schwestern auch in Übersee ausgebreitet, in Australien, Neuguinea, Äthiopien, im Jemen, in Peru, Mexiko, Guatemala, Jordanien. Denn „es gibt keinen Ort auf der Welt", sagte Mutter Teresa, „der frei wäre von Armut und Ungerechtigkeit."

Ihr größter Wunsch war immer, möglichst schnell dort sein zu können, wo man sie und ihre Schwestern brauchte. Von der indischen Regierung erhielt sie bald einen Freifahrtschein für die Eisenbahn, und um dieselbe Vergünstigung für Luftreisen zu bekommen, bot sie einer Fluggesellschaft allen Ernstes an, den Betrag als Stewardeß abzuarbeiten. Für Malcolm Muggeridge mit seinem schwarzen englischen Humor „eine köstliche Vorstellung" – er war sehr betrübt, als ihr Vorschlag abgelehnt wurde.

„Wir wurden dazu erschaffen, Freude in die Welt zu tragen", hat sie in ihrer nur selten blumigen Sprache gesagt, „damit wir einander und damit wir Gott lieben können." Und deshalb sei es gut, sich nicht an einen einzigen Ort zu binden, sondern kreuz und quer über die Erde zu eilen; denn diese Eile sei der Beweis, vor Liebe zu brennen.

Die 4600 Sisters – lauter liebenswerte Teresas – richten sich nirgendwo auf Dauer ein. In der Dritten Welt leben sie in primitiven Hütten oder einfachen Lehmhäusern, wie sie zum Bild der Slums gehören. In den entwickelten Ländern wählen sie Mietwohnungen und unauffällige Reihenhäuser. Als ihnen wohlmeinende Freunde in Venezuela ein nettes Häuschen mit Kühlschrank, Bad und hübschen Möbeln hinstellten, machten die Schwestern das Gebäude kurzerhand zum Haus der Sterbenden und zogen in selbstgebaute Hütten um.

In Manila auf den Philippinen, wo es keine kostenlose Krankenhausbehandlung gibt, haben die *Missionaries* eine Ambulanz eingerichtet und kochen den untererernährten, Tbc-anfälligen Kindern Mahlzeiten mit Fleisch, Frischfisch, Gemüse und Obst. In der Umgebung von Port-au-Prince (Haiti) betreuen sie mehrere Ausgabestellen für Arzneimittel und unterhalten Schulen für die Slum-Jugend.

In Rotterdam haben sie ein baufälliges Haus mitten in der Stadt gemietet, gehen geistig behinderten alten

Menschen zur Hand, beherbergen Mischlinge, die wegen ihrer dunklen Hautfarbe ausgestoßen sind. In New York quartierten sie sich in einem verlassenen Kloster in der South Bronx ein, versorgen Alte und Kranke, die sich nicht mehr auf die Straße wagen, wo Jugendgangs und Drogenmafia regieren. Kinder versuchen sie in einer Tagesstätte vor der allgegenwärtigen Gewalt zu schützen. Psychisch kranke Frauen haben sie in einem Heim untergebracht, und an den Wochenenden besuchen sie Strafgefangene auf Rikkers Island, die von ihren Familien abgeschrieben worden sind. Und in Los Angeles arbeiten die *Missionsbrüder der Nächstenliebe* unter den Straßenbanden.

Die Brüder – sie gibt es inzwischen auch als Pendant zu den Schwestern in den meisten Ländern. Sie tragen keine besondere Tracht und werden vorwiegend dort tätig, wo die nackte Gewalt herrscht. Sie kümmern sich um Alkoholiker und Nervenkranke, Drogensüchtige und junge Kriminelle. Sie sollen – so steht es in ihrer Lebensregel – „den ersten Christen ähnlich“ sein, als „Botschafter des Wortes Gottes für die geistig Ärmsten“.

Gettos gibt es auch in Europa

Mutter Teresa wollte immer zur Stelle sein, wenn irgendwo eine Not rief. Manchmal hatte der Hilfeschrei einen illustren Absender: 1968 kam ein privat gehaltener Brief von Papst Paul VI. in Kalkutta an, mit zwei Flugtickets, einem Scheck über 10 000 Dollar und dem Hinweis auf die elenden Lebensbedingungen in den römischen Vorstädten. Wenige Wochen später flogen Mutter Teresa und eine Schwester namens Frederick nach Rom, sahen sich in den

Elendsvierteln um, heuerten ein paar Bauarbeiter an, griffen selbst zur Maurerkelle und begannen eine Ambulanz und einen Kindergarten zu errichten. (Letzterer ist besonders wichtig, weil die Mütter dazuverdienen müssen; die Familien sind meist in der Hoffnung auf gutbezahlte Arbeit aus dem süditalienischen Mezzogiorno nach Rom gekommen, aber mit den Jobs, die man den Männern gibt, lassen sich oft nur primitive Barackenunterkünfte bezahlen.)

Die „indischen Schwestern", wie sie die Römer in zärtlichem Respekt nennen, gehen in die ärmlichen Wohnungen der Kranken und Alten und bringen den Obdachlosen heiße Milch und belegte Brote zu ihren Schlafplätzen in Parks und Metro-Stationen. Für die Senioren unter den Nichtseßhaften haben sie ein Nachtasyl in Bahnhofsnähe eingerichtet, wo sie sich waschen können und eine warme Mahlzeit bekommen. So nebenbei geben die Sisters den Bambini der oft ziemlich kirchenfernen Familien Religionsunterricht, was man ihnen nicht übelnimmt. Jeder liebt hier die „indischen Schwestern", und auf den Märkten schenkt man ihnen Gemüse und Hühner für ihre Schützlinge.

Ganz anders ist die Situation in London, wo es ebenfalls bittere materielle Not gibt, aber auch viele wohlhabende Leute, die völlig isoliert in ihren komfortablen Wohnungen leben und deren Tod niemand wahrnimmt, bis ein unangenehmer Geruch Tage oder Wochen später irgendwelche desinteressierten Nachbarn alarmiert. „In England leidet man unter Einsamkeit", konstatierte Teresa. „Es fehlt nicht an Brot, aber an menschlicher Zuneigung. Das ist für uns der hungernde Christus!" Deshalb organisieren die Sisters die Kilburn (London) und Liverpool nicht nur Suppenküchen und Ausflüge für die Obdachlosen, besorgen nicht nur Heizgeräte und Möbel für alte Leute in heruntergekommenen Wohnungen. Sie bemühen sich, die Einsamen zu entdecken und jene, um die sich niemand kümmert, mit Besuchen und kleinen Unternehmungen in das Leben zurückzuholen. Eine freiwillige Helferin namens Mary berichtet fasziniert, wie glücklich die Menschen sind, wenn sie sich nach der Essensausgabe neben sie setzt, ihre Fotos aus besseren Tagen anschaut und nach ihren Problemen fragt.

1971, auf dem Höhepunkt der bürgerkriegsähnlichen Unruhen in Nordirland, tauchte Mutter Teresa plötzlich in Belfast auf, um dort im Armenviertel Ballymurphy einen Stützpunkt zu gründen. Ballymurphy: ein trostloses Getto, bevölkert von katholischen Underdogs, die sich von der protestantischen Bevölkerungsmehrheit bedroht und von der britischen Krone im Stich gelassen fühlen. Die Arbeitslosenquote betrug damals 47 Prozent. Auf den Straßen patroullierten britische Soldaten, immer auf der Hut vor Heckenschützen. Die Katholikin Teresa ging einfach zu den Versammlungen der Quäker und Presbyterianer und erzählte von ihren eigenen Erfahrungen mit Unrecht und Ausgegrenztsein. Das schien ihr wichtiger als materielle Hilfe.

Acht Jahre später entstand die erste deutsche Niederlassung: In einer Essener Trabantenstadt, einem sozialen Brennpunkt mit vielen gefährdeten Jugendlichen, mieteten die Schwestern in einem mehrstöckigen Haus mit 70 Altenwohnungen ein paar Räume an und errichteten dort ihr Miniaturkloster. Später zogen sie – fünf junge *Missionaries* aus Deutschland, Italien, Indien und Polen – in ein Reihenhaus am Stadtrand um, wo sie Gestrandete und Obdachlose aufnehmen, für maximal drei Monate, Alkoholiker, Drogensüchtige, mißhandelte Frauen. Obwohl im Haus striktes Alkoholverbot herrscht und die Bewohner beim Putzen und Kartoffelschälen helfen müssen, würden sie alle für die fröhlichen Schwestern durchs Feuer gehen. Ob sie manchmal Angst vor den rauhen Männern von der Straße haben, wird Sister Thomas Morus aus Indien gefragt. „Ach nein", lacht sie schallend, „sie alle respektieren uns voll und ganz. Sollte auch nur einer aus der Reihe tanzen, würden sich alle anderen schützend vor uns stellen!" Bestens funktioniert auch der Kontakt zur Pfarrgemeinde; eine Gruppe Frauen geht in Bäckereien regelmäßig auf die Suche nach Kuchen vom Tag vorher, das ist dann der Nachtisch für die Obdachlosen. Die Einrichtung trägt sich ja allein durch Spenden, es gibt keine Zuschüsse von der Stadt oder von der Kirche.

Auch am Münchener Hauptbahnhof und am Marienplatz in der City sind die Schwestern in der hierzulande exotisch wirkenden Tracht seit ein paar Jahren bei ihrem unkonventionellen Einsatz für Nichtseßhafte und junge Ausreißer zu beobachten. In einem ehemaligen Getränkemarkt haben sie sich ihr Klösterchen eingerichtet; von dort schwärmen sie zu den Plätzen der Innenstadt aus und zu Hausbesuchen bei psychisch Kranken und Alkoholikern. Bei der abendlichen Anbetungsstunde sind zufällig vorbeikommende Passanten jederzeit willkommen.

In Hamburg, Mannheim, Chemnitz, Zürich, Wien haben sich die *Missionaries* niedergelassen. „Gut 50 vergessene Familien und Senioren, die irgendwo in den Häuserschluchten der Hauptstadt ihr Dasein fristen, stehen auf der Besuchsliste der Teresa-Schwestern", berichtet der Journalist Toni Görtz aus Berlin-Kreuzberg. Die Sisters schleppen Kohlen, haben Zeit für lange Gespräche – oder setzen einfach mal eine

stehengebliebene Standuhr wieder in Gang. Gefragt ist auch ihre „St.-Josephs-Suppenküche"; in Deutschland müsse zwar niemand verhungern, meint Schwester Lumina, finanziell sei alles geregelt, aber „viele kommen zu uns, weil sie spüren, daß sie willkommen sind".

Liebe beginnt zu Hause

Hier in Berlin und München, in London, Rotterdam, New York stoßen die „Missionarinnen der Nächstenliebe" auf ein anderes Gesicht der Armut, das nichts zu tun hat mit Unterernährung und erbärmlichen Wohnverhältnissen, aber viel mit mangelnder Menschlichkeit und Zuwendung: Hunger könne auch durch fehlende Liebe und Anerkennung erzeugt werden, pflegte Teresa zu sagen, Heimatlosigkeit durch Fremdenfeindschaft und durch Verweigerung eines Gesprächs.

In den reichen Ländern sah sie zahllose Jugendliche in „unsichtbaren Sterbehäusern". Es seien jene, deren Eltern ihre Kinder lediglich materiell versorgten, ohne sich für ihr Leben zu interessieren. Umgekehrt erwarteten viele alte Menschen mutterseelenallein den Tod. Teresa erzählte von einem schwerreichen alten Ehepaar: der Mann halbblind, die Frau geistesgestört. Verzweifelt bat er sie, ihm eine ihrer Schwestern ins Haus zu schicken: „Unsere Kinder sind alle fort, und wir sterben vor Einsamkeit. Wir sehnen uns nach dem lieben Laut einer menschlichen Stimme."

Deshalb war es Teresa bei ihren Auftritten im Westen gar nicht so recht, wenn das Publikum endlos nach der Not in Kalkutta und Bombay, Beirut und

Daressalam fragte. Sie drehte dann gern den Spieß um und sagte: „Ich möchte von Ihnen, daß wir uns umsehen, und wenn wir in unseren eigenen Familien Arme sehen, daß wir zu Hause anfangen zu lieben, bis es weh tut!“

Manche Leute seien vielleicht eifrig damit beschäftigt, Sammlungen für die Hungernden in Indien zu organisieren, aber für die eigenen Kinder hätten sie weder Zeit noch Liebe übrig.

„Auch heute erkennen die Seinen Jesus nicht, wenn er in sein Eigentum kommt! Er kommt in den ausgemergelten Körpern unserer Armen: Ja, er kommt auch in den an ihrem Reichtum fast erstickten Reichen. Er kommt in der Einsamkeit ihres Herzens, und wenn keiner da ist, der sie liebt. Jesus kommt zu dir und zu mir, und oft, sehr oft, gehen wir an ihm vorbei. […]
Heute erscheint Christus uns in den Menschen, die unerwünscht, arbeitslos, beiseite geschoben, hungrig, nackt und heimatlos sind. Für den Staat und die Gesellschaft erscheinen sie nutzlos, und niemand hat für sie Zeit. Du und ich müssen als Christen, die der Liebe Christi würdig sein wollen – soll unsere Liebe wahr sein –, sie ausfindig machen und ihnen helfen. Sie sind da, damit wir sie finden.
Überall finden wir einsame Menschen, die oft nur unter ihrer Zimmernummer bekannt sind. Wo sind wir? Wissen wir überhaupt, daß es diese Menschen gibt? Vielleicht wohnt gleich nebenan ein Blinder, der glücklich darüber wäre, wenn wir ihm aus der Zeitung vorläsen; vielleicht ist da ein Reicher, der niemanden hat, der ihn besucht. Er mag zwar viele Dinge besitzen und schier an ihnen ersticken, doch er hat niemanden, der ihn berührt, und er braucht deine Berührung. […]
Suche Gott nicht in fernen Ländern – dort ist er nicht. Er ist ganz in deiner Nähe. Laß nur das Licht brennen, und du wirst ihn immer sehen. Wache und bete. Zünde immer wieder die Lampe an, und du wirst seine Liebe sehen und erkennen, wie gut der Gott ist, den du liebst.

Herr, öffne unsere Augen,
damit wir dich in unseren Brüdern
und Schwestern erkennen.

Herr, öffne unsere Ohren,
damit wir das Rufen der Hungrigen,
der Frierenden, der Verängstigten
und Unterdrückten hören.

O Herr, öffne unsere Herzen,
damit wir einander so lieben,
wie du uns liebst.

Erneuere in uns deinen Geist,
Herr, mach uns frei und eins."

Teresas Gemeinschaft war auch eine der ersten in der katholischen Kirche, die sich der Herausforderung durch die AIDS-Kranken stellte – zupackend, helfend, ohne die Gelegenheit zu Moralpredigten zu nutzen, wie das anfangs oft geschah. In New York haben die Schwestern im St. Clare-Hospital oder im Mount-Sinai-Krankenhaus regelmäßig die HIV-Patienten besucht, die aus dem Gefängnis Sing Sing hierher verlegt worden waren.

1985 eröffneten die *Missionaries* dann mit Hilfe von Kardinal O'Connor in New York ihr erstes Haus für AIDS-Kranke. Es sei schwer, mit dem unwiderruflich letzten Stadium des Lebens zurechtzukommen, fährt Sister Dolores fort, „also nahmen wir uns Zeit, eine familiäre Atmosphäre unter ihnen zu schaffen – wir aßen zusammen und sprachen, beteten und spielten miteinander." Manchen sei es geglückt, die zerbrochene Beziehung zu ihrer Familie wieder aufzunehmen. „Und als wir mehr wurden, kümmerten sich die Kranken gegenseitig umeinander, und das mitzuerleben war immer wunderbar."

Mittlerweile haben die *Missionaries* AIDS-Häuser in Washington, Baltimore, Atlanta, San Francisco, in Guwahati im indischen Bundesstaat Assam – ganz in der Nähe des „Goldenen Dreiecks", das als asiatischer Hauptumschlagplatz für Heroin und Opium gilt –, in Bombay, Brasilien, Honduras, Spanien, Portugal, und sie sind auch in Haiti und Afrika, wo die Situation besonders schlimm ist, in der Arbeit mit AIDS-Patienten engagiert.

Teresa hat nie gefragt, wie sie sich das Virus geholt haben. „Wir sehen einfach ihre Not und kümmern uns um sie. Ich glaube, daß Gott uns mit AIDS etwas sagt, daß er uns eine Gelegenheit gibt, unsere Liebe zu zeigen." Es war immer der schrecklichste Gedanke für sie, daß sich ein Mensch abgelehnt und unerwünscht fühlen mußte. AIDS, eine Strafe des Himmels? „Niemand sollte ein solches Urteil abgeben", erklärte sie, „das ist ein Geheimnis Gottes."

Die Betreuung der HIV-Patienten ist so etwas wie ein dauernder Kriseneinsatz. Es gibt aber auch die akuten Notfälle, auf die Teresas Schwestern und Brüder reagieren, wie die Überschwemmungskatastrophe bei Kalkutta, die 1200 Familien obdachlos machte, oder ein verheerendes Erdbeben in Guatemala. Dann sind sie immer sehr rasch zur Stelle, bringen Lebensmittel, bauen Notunterkünfte, helfen bei der Bergung der Verschütteten.

1991, als der Golfkrieg ausbrach, konnte Teresa nicht helfen. Doch sie schrieb mit blutendem Herzen einen Brief an US-Präsident Bush und Iraks Staatschef Saddam Hussein, sie möchten zu einer Versöhnung finden. Kurzfristig könne es in diesem Gemetzel vielleicht Gewinner und Verlierer geben, „Aber welchen Preis werden die Menschen zu zahlen haben, die gebrochen, behindert und verloren sind?" Von einer

Antwort ist nichts bekannt, aber Teresa gründete im von US-Bombern zerstörten Bagdad ein Heim für verkrüppelte und unterernährte Kinder.

„An Präsident Bush und Saddam Hussein

54A, A.J.C. Bose Road
Kalkutta – 16
2. Januar 1991

Sehr geehrter Präsident George Bush
und Präsident Saddam Hussein,
ich komme zu Ihnen mit Tränen in den Augen und Gottes Liebe im Herzen, um für die Armen zu bitten und für jene, die arm werden, wenn es zu dem Krieg kommt, den wir alle fürchten. Ich bitte Sie von ganzem Herzen, sich um Gottes Frieden zu bemühen, hart daran zu arbeiten und zu einer Versöhnung zu finden.
Sie wollen beide Ihren Standpunkt vertreten und für Ihr Volk sorgen, aber hören Sie dabei bitte zuerst auf den einen, der in die Welt gekommen ist, um uns Frieden zu lehren. Sie haben die Macht und die Kraft, Gottes Gegenwart und Ebenbild zu zerstören. Seine Männer, Seine Frauen und Seine Kinder. Bitte gehorchen Sie dem Willen Gottes. Gott hat uns geschaffen, damit wir von seiner Liebe geliebt und nicht von unserem Haß zerstört werden.
Kurzfristig kann es in diesem Krieg, vor dem wir uns alle fürchten, vielleicht Gewinner und Verlierer geben, aber das kann und wird niemals das Leid, den Schmerz und den Verlust so vieler Leben rechtfertigen, die Ihre Waffen verursachen werden.
Ich komme zu Ihnen im Namen Gottes, den wir alle lieben und teilen, um für die Unschuldigen und Armen in der Welt zu bitten und für diejenigen, die durch den Krieg arm werden. Sie werden am meisten leiden, denn sie haben keine Möglichkeit zu fliehen. Ich bitte auf den Knien für diese Menschen. Sie werden leiden, und dann werden wir die Schuldigen sein, weil wir nicht alles in unserer Macht Stehende getan haben, sie zu schützen und zu lieben. Ich flehe

Sie an, für die Verwaisten, Verwitweten, die allein zurückbleiben, weil ihre Eltern, Männer, Brüder und Kinder getötet wurden. Ich flehe Sie an, diese Menschen zu retten.
Ich bitte für diejenigen, die behindert und entstellt sein werden. Es sind Kinder Gottes. Ich bitte für diejenigen, die kein Zuhause, kein Essen und keine Liebe mehr haben werden. Bitte betrachten Sie diese Menschen, als wären es Ihre Kinder. Schließlich bitte ich für diejenigen, die das Kostbarste verlieren werden, was Gott uns geschenkt hat, das Leben. Ich flehe Sie an, unsere Brüder und Schwestern zu verschonen. Ihre und unsere, denn sie sind uns von Gott gegeben, damit wir sie lieben und ehren. Wir haben kein Recht zu zerstören, was Gott uns gegeben hat. Bitte, bitte, machen Sie Ihren Verstand und Willen zu Verstand und Willen Gottes. Sie haben die Macht, Krieg in die Welt zu bringen oder Frieden zu stiften.
BITTE WÄHLEN SIE DEN WEG DES FRIEDENS.
Ich, meine Schwestern und unsere Armen beten so viel für Sie. Die ganze Welt betet, daß Sie Ihre Herzen in Liebe zu Gott öffnen. Sie mögen den Krieg gewinnen, aber welchen Preis werden die Menschen zu zahlen haben, die gebrochen, behindert und verloren sind?
Ich appelliere an Sie – an Ihre Liebe, Ihre Liebe zu Gott und Ihren Mitmenschen. Im Namen Gottes und im Namen derjenigen, die Sie arm machen werden: Zerstören Sie nicht das Leben und den Frieden! Lassen Sie Liebe und Frieden siegen, damit man sich an Ihre Namen erinnert für das Gute, das Sie getan, die Freude, die Sie bereitet, und die Liebe, die Sie geteilt haben.
Bitte beten Sie für mich und meine Schwestern, die wir versuchen, die Armen zu lieben und ihnen zu dienen, weil sie zu Gott gehören und von ihm geliebt werden. Und wir beten mit unseren Armen auch für Sie. Wir beten, daß Sie lieben und pflegen werden, was Gott so liebevoll in Ihre Obhut gegeben hat.

Möge Gott Sie segnen, jetzt und immerdar.

Gott segne Sie! *M. Teresa MC“*

Brief am Beginn des Golfkrieges

Es bleibt ein Rätsel, wie sie inmitten dieser zu Hunderten mit nie erlahmender Phantasie aus dem Boden gestampften Häuser die Übersicht behalten konnte: Auf dem Gelände des Vatikans richtete sie ein Heim für die römischen Obdachlosen ein. In Moskau bat sie persönlich darum, in der Nähe von Tschernobyl ein Haus für strahlengeschädigte Opfer der Reaktorkatastrophe bauen zu dürfen.

In Jordanien kümmern sich die „Missionarinnen" um Arme, körperlich und geistig Behinderte, im Stich gelassene Kinder, christliche und muslimische; die Muslime nennen sie respektvoll *Hadschis*, weil sie weiße Gewänder tragen wie die Mekkapilger. Im Gaza-Streifen versuchen sie, zwischen Juden und Arabern hin und her zu pendeln, die Leiden von Flüchtlingen zu lindern. In Lateinamerika engagieren sich die Sisters stark in der Seelsorge; „wir tun dort praktisch all das, was hier bei uns normalerweise der Pfarrer tut", berichtet eine von ihnen, „Beichthören und Zelebrieren ausgenommen".

1979 gründete Mutter Teresa ihre erste Niederlassung in einem kommunistischen Land. 1991 bekam sie die Genehmigung für ihre Heimat Albanien – und baute dort in vier Monaten fünf Häuser für Arme, während sie gleichzeitig Pläne für Rumänien, Kambodscha, Kuba, China schmiedete. Auch im Sozialismus gebe es Armut, stellte sie sachlich fest, vor allem geistige.

In Äthiopien wunderte sich ein sehr selbstsicherer Gouverneur über ihr Ansinnen, dort ein Hospital zu errichten. „Wissen Sie nicht", herrschte er sie an, „daß wir hier eine Revolution haben, die für solche Dinge sorgt?" Ungerührt erwiderte sie. „Ich bin auch

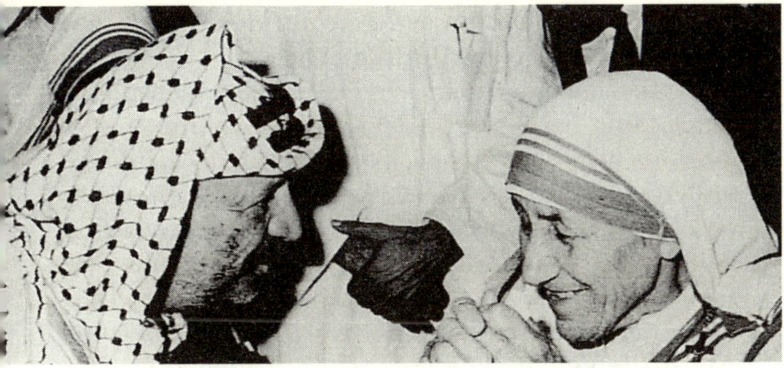

Ein Treffen mit PLO-Chef Iassir Arafat in Jerusalem, der ihr einen Scheck überreichte für ihre Arbeit

eine Revolutionärin, aber meine Revolution besteht nur aus Liebe."

Gewiß hat sie auch Fehlschläge erlebt. In die im Winter eiskalte indische Bergregion Simla hatte sie Schwestern geschickt, die aus dem schwülwarmen Tiefland stammten und das Klima dort oben nicht aushielten; außerdem gab es in dem menschenleeren Gebiet so wenig zu tun, daß sie schließlich völlig niedergeschlagen aufgaben. In Sri Lanka, wo ausländische Missionare mehr als ein Jahrzehnt kein Einreisevisum mehr bekommen hatten, wurden Teresas Einsatzkräfte zunächst überraschenderweise freundlich willkommen geheißen, dann aber ebenfalls aus dem Land geworfen. Ähnlich triste Erfahrungen in Vietnam und Nordirland. Und natürlich kommt es auch in Berlin-Kreuzberg vor, daß irgendwelche Rowdies den jungen Frauen im weißblauen Sari nachschreien: „Geht doch zurück nach Indien!"

„Die Zukunft liegt nicht in unseren Händen, wir können nur heute handeln", pflegte Mutter Teresa in solchen Fällen zu erklären – um bald darauf trotzig zu bekräftigen: „Wenn es Arme auf dem Mond gibt, dann wollen wir auch dorthin gehen!"

Schließlich mußte sie nicht nur ein paar tausend vor Tatendrang berstende Ordensleute beschäftigen, sondern auch mindestens 80 000 *Mitarbeiter Mutter Teresas*: Freundeskreise, die Nachbarschaftshilfe organisieren, einsame Menschen im Pflegeheim besuchen, Babykleidung für indische Säuglinge nähen und Geld für Teresas Aktionen sammeln. 1993 löste Mutter Teresa die Organisation ihrer *Co-Workers* auf – aus lauter Angst, die Vereinigung mit ihren Vorständen, Verbindungen und Bankkonten könnte sich zu einem bürokratischen Wasserkopf aufblähen und den ursprünglichen Sinn ins Gegenteil verkehren. Eine Entscheidung, typisch für die kreative Querdenkerin Teresa.

Denn sie bat ihre Freunde in sehr persönlich gehaltenen Rundbriefen, stattdessen etwas anderes, möglicherweise Schwierigeres zu tun: Sie sollten den *Missionaries*, Schwestern und Brüdern, künftig nicht über eine Organisation, sondern direkt in den Niederlassungen helfen oder sich daheim um die Not und Armut in ihrer eigenen Nachbarschaft kümmern. Teresa: „Jede und jeder von Ihnen kann beten und aus seinem Heim ein anderes Nazaret machen ohne die Mitarbeiter-Organisation! ... Seien Sie der Sonnenschein von Gottes Liebe in Ihrer eigenen Familie, Ihrer Nachbarschaft und Ihrer Stadt!"

Glücklich erzählte sie von den jungen Frauen und Männern – Katholiken, Protestanten, Nichtchristen –, die aus der ganzen Welt nach Kalkutta kämen, um dort für eine bestimmte Zeit den Armen zu dienen und an den Gottesdiensten der Gemeinschaft teilzunehmen. „Und keiner von ihnen ist derselbe, wenn sie nach Hause zurückkehren." Auch ältere Leute seien unter den Helfern: „Kürzlich kam ein 77jähriger

Mann nach Kalkutta, auf beiden Augen blind, und wollte für einige Tage bei uns mitarbeiten. Er ging in das Heim für Sterbende und gab dort einigen Patienten Massagen. Er half auch beim Waschen. Hinterher sprach ich mit ihm: er wiederholte: ‚Träger von Gottes Liebe!‘ Und er lächelte."

„Wir werden dieses Jahr zu einem Jahr des Friedens machen, in einer besonderen Weise; um das tun zu können, werden wir versuchen, mehr zu Gott und mit Gott zu sprechen und weniger mit den Menschen und zu den Menschen. Laßt uns den Frieden Christi predigen, wie er es getan hat. Er ging umher, Gutes tuend; er hielt mit seinen Werken der Liebe nicht inne, weil die Pharisäer und andre ihn haßten oder seines Vaters Werk zu verderben suchten. Es ging einfach umher, Gutes tuend.

Kardinal Newman hat geschrieben: ‚Laß mich deinen Duft überall, wo ich gehe, verbreiten, laß mich predigen, ohne zu predigen, nicht mit Worten, sondern durch Beispiel, durch ansteckende Stärke, durch den unsichtbaren Einfluß dessen, was ich tue, durch die sichtbare Fülle der Liebe, die mein Herz für dich hegt.‘ Unsere Werke der Liebe sind nichts als Werke des Friedens. Laßt sie uns mit größerer Liebe und größerer Wirksamkeit tun, jeder oder jede von uns bei seiner oder ihrer täglichen Arbeit, in eurem Heim, bei eurem Nächsten. Es ist immer derselbe Christus, der sagt:

Ich war hungrig – nicht nur nach Speise, sondern nach dem Frieden, der aus einem reinen Herzen kommt.

Ich war durstig – nicht nach Wasser, sondern nach dem Frieden, der den leidenschaftlichen Durst nach der Kriegsleidenschaft stillt.

Ich war nackt – nicht entblößt von Kleidern, sondern von der schönen Würde der Männer und Frauen ihres Leibes wegen.

Ich war ohne Heim – nicht ohne ein Obdach aus Ziegelsteinen, sondern ohne ein Herz, das versteht, das schützt, das liebt.

Laßt uns dieses Jahr für Christus in unserem Nachbarn dies sein, wo immer die Missionare der Nächstenliebe und ihre Mitarbeiter sind. Laßt uns den Frieden Gottes ausstrahlen und so sein Licht anzünden und in der Welt und in den Herzen aller Menschen allen Haß und alle Machtliebe auslöschen. Laßt die Missionare der Nächstenliebe und die Mitarbeiter in jedem Land, in dem sie sind, Gott mit einem Lächeln begegnen in jedem, überall, wohin sie gehen."

Aus einem Brief an die Mitarbeiter

Es gibt auch ehrenamtliche Helfer, die sich Monate und Jahre in den Häusern der *Missionaries* engagieren und ohne die das Wirken des Ordens in dieser Breite längst nicht möglich wäre. In Kalkutta hat sich eine Gruppe von Frauen und Männern gebildet, die täglich bis zu vierzig Kinder und Jugendliche auf dem *Howrah*-Bahnhof betreuen. Die Kids leben dort wie Wilde im Großstadtdschungel, Babies werden auf dem Bahnsteig geboren, die größeren Jungen bedienen sich der kleinen Mädchen und Jungen für ihre Lust – und die Polizei von Kalkutta hat es längst aufgegeben, sich um solche Allerweltsprobleme zu kümmern. Stattdessen hat sie Mutter Teresas Mitarbeiter mehrfach als Störenfriede festgenommen.

Doch die versuchen unverdrossen, die Kinder vom Bahnhof wegzuholen; sie haben mittlerweile einen Arzt, eine Krankenschwester und etliche Lehrer zur Verfügung. Letztere unterrichten auf sehr lockere, spielerische Weise in Hindi, Bengali und Englisch, und tatsächlich gelingt es immer wieder, ein paar der Bahnhofskinder in regulären Schulen unterzubringen.

„Unsere Schatzkammer" nannte Mutter Teresa eine letzte Gruppe von Helfern, die sie sehr schätzte: die Kranken. Sie „adoptieren" eine Schwester oder einen Bruder und opfern ihre Schmerzen für sie. Und die Schwester oder der Bruder opfern ihre Arbeit für den Kranken. Mutter Teresa bekannte von ihrem eigenen „zweiten Ich", einer Dame in Belgien: „Jedesmal, wenn ich etwas besonders Schwieriges zu tun habe, ist sie es, die hinter mir steht und mir Kraft und Mut gibt."

„Liebster Herr, möge ich dich heute und jeden Tag in der Person deiner Kranken sehen und, während ich sie pflege, dir dienen.
Auch wenn du dich in der unansehnlichen Verkleidung der Reizbaren, der Anspruchsvollen, der Unvernünftigen verbringst, möge ich dich erkennen und sagen: ‚Jesus, mein Geduldiger, wie süß ist es, dir zu dienen.'
Herr, gib mir diesen sehenden Glauben, dann wird meine Arbeit nie langweilig. Ich werde immer Freude daran finden, die Launen zu ertragen und die Wünsche aller armen Leidenden zu erfüllen.
O geliebte Kranke, wie doppelt teuer seid ihr mir, wenn ihr Christus verkörpert; und welch ein Vorzug für mich, euch pflegen zu dürfen.
Herr, mache mich empfänglich für die Würde meiner hohen Berufung und für die vielen Verantwortungen. Laß nicht zu, daß ich sie je schände dadurch, daß ich in Kälte, Unfreundlichkeit und Ungeduld falle.
Und, o Gott, da du Jesus, mein Geduldiger bist, laß dich herab, auch mir ein geduldiger Jesus zu sein, übe Nachsicht mit meinen Fehlern, und sieh nur auf meinen Vorsatz, dich zu lieben und dir zu dienen in der Person eines jeden deiner Kranken.
Herr, vermehre meinen Glauben, segne meine Anstrengungen und meine Arbeit, jetzt und immerdar. Amen."

Gebet aus einem Kinderheim in Kalkutta

8

„Was wir tun, ist so wenig!"

Darf man eine Heilige kritisieren?

„Demagogin, Feindin der Aufklärung, Dienerin weltlicher Mächte"
Der Fernsehjournalist Christopher Hitchens

Ist der Einsatz der *Missionaries of Charity* nicht, alles in allem, eine recht naive Methode, die Welt zu verändern? Gewiß, die Schwestern schuften sich kaputt, geben das Letzte an Arbeitskraft, aber lohnt sich die Mühe? An ein paar ausgewählten Plätzen wird die Welt heller – doch was ist mit der Dunkelheit anderswo?

Und, schlimmer noch: Leisten die freundlichen Nonnen nicht denen einen gefährlichen Dienst, die am sozialen Elend schuld sind? Können die international organisierten Ausbeuter und die korrupten Provinzpolitiker jetzt nicht noch besser schlafen als vorher, beruhigt, weil sich die ungerechten Verhältnisse so schnell nicht ändern werden?

Kurieren Teresa und ihre Helfer nicht bloß mit einem immensen Aufwand an Kraft und Menschenliebe an Symptomen herum, statt die Ursachen der Not bewußt zu machen? Wäre es nicht wichtiger, todbringende Strukturen, mörderische Machtverhältnisse, die ungleiche Verteilung der Güter zu brandmarken

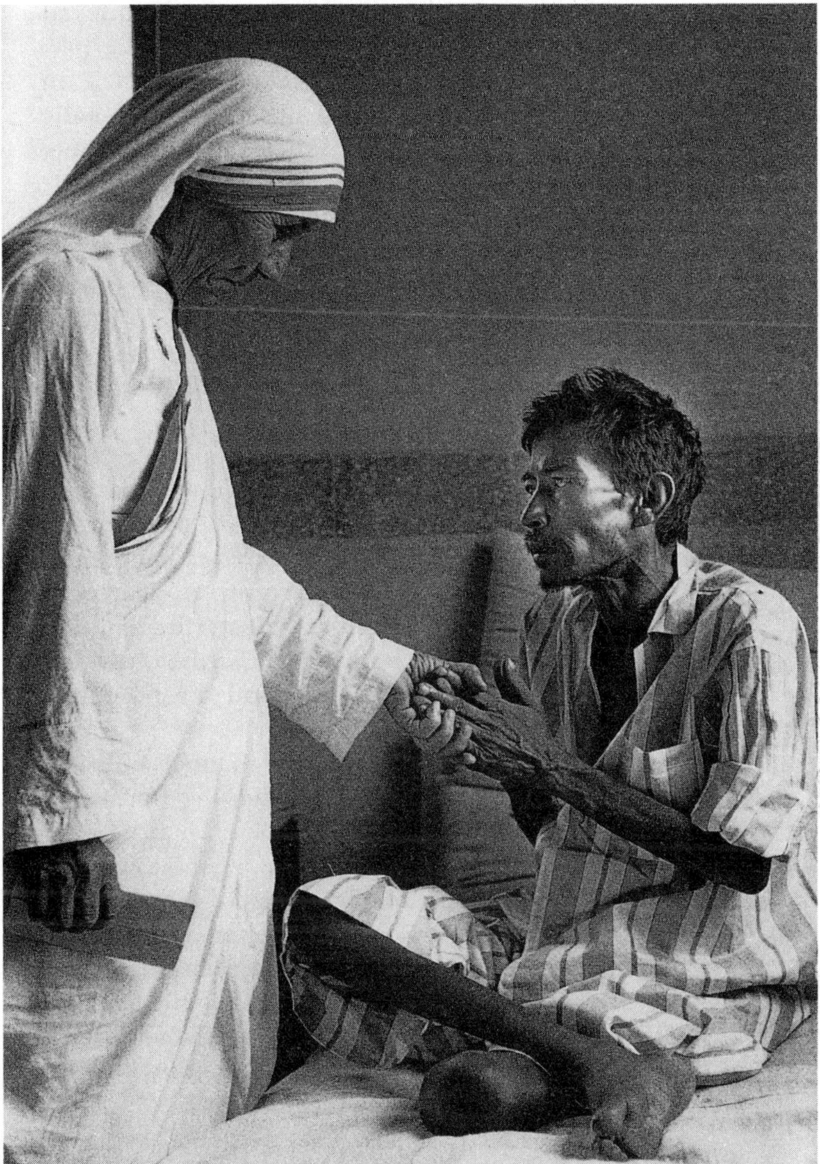

und zu bekämpfen, statt Sterbenden die Hände zu halten?

Man kann an Teresa genausoviel kritisieren wie an jedem anderen Menschen, der an exponierter Stelle für eine Idee kämpft und in seinen Aussagen dabei notwendig verknappt und vergröbert – weil eine Botschaft griffig sein muß, um mitreißen zu können. Man kann sich über sie genauso ärgern wie über jeden anderen Menschen, der im Rampenlicht der Öffentlichkeit handelt, Projekte managt, effektive Hilfe organisiert – weil sich der Handelnde nicht mit endlosen Erörterungen des Für und Wider aufhalten kann und notwendig einseitig agieren muß.

Man kann den Kopf schütteln über die Seelenruhe, mit der sie nach dem entsetzlichen Chemieunglück in der indischen Industriestadt Bhopal den Angehörigen der Getöteten, Vergifteten und Blindgemachten – Tausende waren es – riet, „zu vergeben, zu vergeben, zu vergeben"! Kein Wort der Anklage gegen den amerikanischen Chemie-Multi *Dow Chemical*, der die Katastrophe durch Schlamperei und Profitdenken verursacht hatte.

Man kann – wie der scharfzüngige amerikanische Fernsehjournalist Christopher Hitchens – bedauern, daß sich Teresa bei ihren zahllosen Reisen so oft von Despoten und Diktatoren zu Propagandazwecken mißbrauchen ließ. Von blutbefleckten Tyrannen wie „Baby Doc" Duvalier auf Haiti habe sie Orden angenommen, statt die Verletzung der Menschenrechte durch solche Figuren anzuprangern.

Während Indira Gandhi den Ausnahmezustand über Indien verhängte und laut *Amnesty International* viele der mindestens 15 000 politischen Gefangenen in den Haftanstalten des Landes gefoltert und verstümmelt wurden, nahm Teresa aus der Hand derselben Ministerpräsidentin den Ehrendoktorhut der Universität Visvabharathil entgegen, ohne bei Indira Gandhi, mit der sie sich persönlich gut verstand, irgendwie für die mißhandelten Dissidenten einzutreten.

Man kann geteilter Meinung sein über ihr Frauenbild und ihr Demutsideal, man kann ihr eine gefährliche theologische Schlagseite unterstellen, wenn sie Schmerzen und Leiden gar zu flott als Gnadengeschenke des Gekreuzigten interpretierte: Einer von wahnsinnigen Schmerzen geplagten Krebskranken versuchte sie einmal mit dem Argument Mut zuzusprechen, Jesus müsse sie sehr liebhaben, – „deine Schmerzen sind Küsse Jesu". Worauf die Todkranke etwas unwirsch erwiderte: „Mutter, dann bitte Jesus, daß er aufhört, mich zu küssen!"

Man kann kritisch fragen, ob Teresa nicht manchmal in Versuchung geriet, Sterbende und unterernährte Kinder als „Anschauungsmaterial für Barmherzigkeit" (Hitchens) zu mißbrauchen. Man kann den Verzicht auf professionelle medizinische Behandlung der Patienten in ihren Sterbehäusern tadeln, wie es der britische Arzt Jack Preger tut (er hat mit Mutter Teresa eng zusammengearbeitet, sich aber dann von ihr getrennt und in Kalkutta Straßenkliniken gegründet, wo die Elenden denselben ärztlichen Versorgungsstandard erhalten sollen wie die Reichen in den Spitälern). Man kann fragen, ob die schätzungsweise 50 Millionen US-Dollar, die Teresas Gemeinschaft pro Jahr an Spenden erhält, nicht auf wenige auserwählte, optimal ausgestattete Projekte konzentriert werden sollten, statt in tausend flüchtigen Hilfsmaßnahmen zu versickern.

Das alles mag richtig sein. Ob aber jene, die den Weg aus der Not so genau kennen, auch fähig wären, einen von Teresas stinkenden, von Würmern zerfressenen Patienten anzufassen und so das gestörte Verhältnis zwischen Menschen zu ändern? Glaubwürdig nach Gerechtigkeit schreien kann nur, wer selber zupackt. Den sozialen Ausgleich darf nur derjenige ernsthaft fordern, der selbst zu teilen beginnt. Gefragt sind nicht flammende Appelle, sondern die schlichte Probe aufs Exempel, und Mutter Teresa zeigte, wie diese aussehen muß.

Nur wer das Elend teilt, kann die Elenden befreien. „Wie kann ich den Armen ins Gesicht sehen", fragte Teresa, „wie könnte ich ihnen sagen, ich liebe und verstehe euch, wenn ich nicht wie sie lebe?"

Der australische Geschäftsmann, der die Slums von Kalkutta sah und Mutter Teresa einen Scheck mit einer sehr hohen Summe gab und dann meinte, er sei nicht mit sich zufrieden, er habe nichts von sich selber hergegeben, hat davon etwas begriffen. Täglich kam er von nun an ins Haus der Sterbenden, rasierte die alten Männer, die bereits zu schwach waren, es selbst zu tun, und unterhielt sich mit ihnen.

Die übliche Wohltätigkeit – diese feine Unterscheidung machte Teresa gern – diene einem Zweck (gewiß einem bewundernswerten und notwendigen), die Liebe aber diene einer Person. Eine Ärztin, die im Sterbehaus von Kalkutta mitgeholfen hat, erfuhr es als „unglaubliches Privileg", dort helfen zu dürfen. Man überquere eine Riesenkluft: „Wissen Sie, es sind dann nicht mehr diese ‚Millionen' armer Menschen, sondern es ist jemand, den man selbst berührt hat."

„Worum es uns geht, ist der einzelne", stellte Teresa klipp und klar fest. „Um die Person lieben zu können, müssen wir in enge Berührung mit ihr kommen. Wenn wir warten, bis wir die großen Zahlen bekommen, werden wir uns in den Zahlen verlieren und diese Liebe und Achtung für die Person niemals zeigen können." Sie war davon überzeugt: Jesus wäre auch nur für einen einzigen Menschen gestorben.

„Das Problem der Armut vernunftgemäß zu erkennen", gab sie zu bedenken, „heißt noch nicht, daß man es auch versteht. Weder das Suchen nach den Hintergründen der Armut in Büchern, noch ein Gang durch die Slums, noch Bewundern oder Bemitleiden hilft uns, die Armut zu verstehen und ihre guten und bösen Seiten zu erkennen. Wir müssen in sie hineintauchen, sie leben und mit den andern teilen."

Man hat Teresa vorgeworfen, sie taste die gesellschaftlichen und wirtschaftlichen Strukturen nirgends an, sondern beschränke sich auf Appelle an den persönlichen Lebensstil. Man vermißt das Sicheinfügen ihrer Hilfsprogramme in eine umfassende, politisch ausgerichtete, die Ursachen des Elends anpackende Entwicklungsstrategie. Man verweist auf redliche Alternativmodelle wie die „Sozialen Aktionsgruppen", in denen junge indische Akademiker ebenfalls mit Slumbewohnern, Pachtbauern, Kastenlosen zusammenleben. Dabei geht es allerdings um den Aufbau wirksamer Selbsthilfeeinrichtungen wie Reisbanken oder Basisgesundheitsdienste und um die Unterstützung der bisher Machtlosen bei den Verhandlungen mit Behörden und Grundbesitzern.

Statt nur Spenden weiterzugeben und Hungernden einen Fisch zu reichen, sollten ihnen die *Missionaries* lieber den Umgang mit der Angel beibringen, damit sie sich in Zukunft selbst helfen könnten, wird plakativ gefordert. Nicht schlecht, pflegte Mutter Teresa zu antworten. Aber: „Die Leute, die auf der Straße aufgelesen oder in unsere Heime gebracht werden, sind zu schwach, um auch nur eine Angel halten zu können! Wenn ich ihnen einen Fisch gebe, helfe ich ihnen, die Kraft zu gewinnen, die sie morgen zum Fischen brauchen."

Teresa hat sich nie eingebildet, die Slums von Kalkutta – geschweige denn die der ganzen Welt – ausrotten zu können. Ist das, was die *Missionaries* tun, dann nicht bloß ein Tropfen im Ozean des unermeßlichen Elends in der Welt? Durchaus – „aber wenn wir diesen Tropfen nicht in den Ozean des Leidens fallen ließen", sagte sie in ihrer entwaffnenden Logik, „würde dem Ozean eben dieser eine Tropfen fehlen." Es seien immer nur vergleichsweise wenige, die in ihren Elementarschulen oder in den Sterbehäusern Aufnahme fänden, aber wenn man auf diese Häuser verzichte, dann würden alle diese Kinder ohne Bildung bleiben und alle diese todkranken Menschen auf der Straße sterben. Ja, wenn jeder einen Tropfen in den Ozean fallen ließe, wäre die Armut in der Welt besiegbar.

„Mich interessieren die Gesellschaftsstrukturen nicht", gab sie unumwunden zu und akzeptierte sofort, daß ein anderer sich von Gott vielleicht gerade dazu gerufen fühle, diese Strukturen zu verändern. Aber sie – sie hatte „keine Zeit, über große Programme nachzudenken". Sie sah es als ihre Aufgabe an, dem einzelnen Menschen zu helfen – und sich auf die Mängel im Menschen selbst zu konzentrieren: auf Egoismus, Besitzgier, Gleichgültigkeit; altmodisch ausgedrückt: auf die ganz persönliche Sünde.

Wobei sie sich durchaus darüber im klaren war, daß die Sache mit den Strukturen auch enorm wichtig bleibt: „Für uns braucht dieser einzelne jetzt eine Unterkunft. Ich glaube, daß unsere Aufgabe darin erfüllt wird. Und indem wir unseren Teil erledigen, werden viele Menschen angeregt, sich um den anderen Teil zu kümmern: die Lage der Menschen zu bessern und ihnen zu helfen und die Armut und den Hunger und die Nacktheit zu beseitigen."

In der Tat zieht ihr Beispiel Kreise. Damen aus der indischen Oberschicht der Brahmanen etwa gehen mittlerweile in den Sterbehäusern ein und aus, waschen und füttern jene Elendsgestalten, an die sie früher keinen Blick verschwendet hätten.

Verkrampfte Herzen öffnen sich

„Brennende Lampen" sollten die *Missionaries* sein, hat Mutter Teresa einmal gesagt, brennende Lampen, den Menschen leuchtend. Sie war selber ein strahlendes Licht. Ein fleischgewordenes Signal, daß das Habenwollen nicht die einzige Möglichkeit menschlicher Existenz ist und auch keine, die wirklich glücklich macht. Ein unübersehbarer Hinweis darauf, daß die Menschen Geschwister sind und die Ausgestoßenen Brüder und Freunde.

Als Malcolm Muggeridge die Aktivitäten der „Missionarinnen" in die Fernsehkamera bannte, machte er drei Phasen durch: „Die erste war Schrecken, gemischt mit Mitleid, die zweite reines und einfaches Mitgefühl und die dritte, die weit über Mitgefühl hinausging, war etwas, was ich nie zuvor verspürt habe: die Einsicht, daß diese sterbenden und verkommenen Männer und Frauen, diese Aussätzigen mit Stümpfen statt Händen, diese unerwünschten Kinder nicht bemitleidenswert, abstoßend oder verloren waren, sondern eher teuer und köstlich; gleichsam Freunde seit langem, Brüder und Schwestern. Wie soll man es erklären, dieses eigentliche Herz und Geheimnis des christlichen Glaubens? Diese geschundenen Köpfe streicheln, diese armen Stümpfe berühren, diese den Abfalltonnen übergebenen Kinder auf den Arm nehmen, weil es *sein* Kopf ist, so wie es *seine* Hände und *seine* Kinder sind, von denen er gesagt hat, daß jeder, der ein solches Kind in seinem Namen aufnimmt, ihn aufnimmt."

Was können ganz normale Menschen von heute von dieser einzigartigen Frau lernen? Vielleicht dies: barmherzig mit sich selbst und aufmerksam, respektvoll, liebesfähig mit den anderen umgehen, besonders mit den Schwächeren – die sich dabei nicht selten als die wirklich Starken entpuppen und den, der sich zum Solidarischsein entschlossen hat, reich beschenken. Vielleicht lernen wir ein ganz neues Gleichgewicht zwischen Nehmen und Geben und den Mut, unsere ängstlich verkrampften Herzen zu öffnen. Auch für den Himmel, den wir nicht selten, mit allem anderen beschäftigt, vergessen.

„Liebster Jesus, hilf uns,
Deinen Duft zu verbreiten,
wohin wir auch gehen.
Überflute unsere Seelen
mit Deinem Geist und Leben.
Durchdringe unser ganzes Wesen
und nimm es so vollständig in Besitz,
daß unser Leben nichts anderes ist
als ein Abglanz Deines Leuchtens
durch uns, und sei so in uns,
daß jede Seele, der wir begegnen,
Deine Gegenwart in unserer Seele spüren kann.
Laß sie aufschauen und nicht mehr uns sehen,
sondern nur noch Dich!

Bleibe bei uns, und dann werden wir beginnen,
so zu leuchten, wie Du leuchtest,
so zu leuchten, daß wir anderen ein Licht sind.
Das Licht, Jesus, wird ganz von Dir kommen,
nichts davon wird von uns sein;
Du wirst es sein,
der durch uns auf andere scheint.
Daher wollen wir Dich so preisen,
wie es Dir am liebsten ist,
indem wir auf alle Menschen um uns herum scheinen.
Laß uns Dich predigen, nicht mit Worten,
sondern durch unser Beispiel,
durch die Ansteckungskraft,
den teilnehmenden Einfluß unserer Taten,
die offenbare Fülle der Liebe zur Dir,
die wir im Herzen tragen.
Amen."

Als sie die Achtzig überschritten hatte, wurde Teresa regelmäßig totgesagt, die schmächtige, kleine Nonne, die als junge Lehrerin Probleme mit der Gesundheit gehabt hatte und sich später als so zäh erwies. Doch sie schlug skeptischen Medizinern und heuchlerisch besorgten Journalisten immer wieder ein Schnippchen. Die letzten Jahre lebte sie mit einem Herzschrittmacher; auf einer Reise war sie in Kalifornien operiert worden. Mehrfach wurde sie in Kliniken eingeliefert: Lungenentzündung, Malaria, Blutgerinnsel im Gehirn, ein chronisches Nierenleiden. 1996 erlitt sie innerhalb von zehn Tagen drei Herzattacken, sie wurde künstlich beatmet; Elektroschocks holten sie nach einem Herzstillstand wieder ins Leben zurück.

Die Ärzte hatten es nicht leicht mit ihr. Wenn sie bei Bewußtsein war, wehrte sie sich gegen teure Untersuchungen und den Einsatz von Spezialisten mit dem Argument, sie wolle es nicht besser haben als die Armen: „Laßt mich so sterben wie diejenigen, denen ich gedient habe!“

Sie hatte keine Angst vor dem Tod. Ob sie sich auf das unbekannte Dasein danach freue, fragte sie jemand neugierig. „Selbstverständlich“, antwortete Teresa mit leuchtenden Augen, „denn dann gehe ich nach Hause.“ Ewiges Leben, das bedeute doch: „Unsere Seele geht zu Gott, um in der Gegenwart Gottes zu sein, um Gott zu sehen, um mit Gott zu sprechen, um ihn weiter zu lieben, mit größerer Liebe.“

Beim letzten Herzinfarkt konnte alle ärztliche Kunst nichts mehr ausrichten. Am 5. September 1997 war die Lebenskraft der Rastlosen verbraucht. Teresa war 87 Jahre alt geworden. Ihr Land bereitete ihr ein Staatsbegräbnis.

Wie geht es nach ihrem Tod mit der Gemeinschaft weiter? „Wenn der Orden ein Werk Gottes ist, dann wird er auch weiterbestehen“, da war sie sich ganz sicher. Ob ihr persönlicher Akzent erhalten bleibe, sei nicht wichtig. Und ihre Schwestern und Brüder hat sie mit Bedacht zu selbständiger, eigenverantwortlicher Arbeit ausgebildet. Sie werden die Aufgaben der Gemeinschaft auch ohne die *Mataji* schaffen – wenn es Gottes Wille ist.

„Gott wird einen anderen Menschen finden“, sagte Teresa bereits 1989, mit 79 Jahren, als sie ihre ersten schweren Herzattacken durchmachte, der Zeitung *Liberté*, „viel demütiger, viel aufopfernder, viel folgsamer, und die Gemeinschaft wird weiterleben.“ Ersetzbar ist so jemand wie Teresa nicht. Aber er geht auch nie wirklich weg, wenn er eine Gemeinschaft so unauslöschlich geprägt hat wie sie die *Missionaries of Charity*.

„Wir hatten einen Jungen, dessen Eltern nicht mehr lebten und dessen Großmutter sehr alt war“, erzählt

Mutter Teresa und Lady Diana:
Kurzes Treffen in New York am 18. Juni 1997

Schwester Agnes, Teresas allererste begeisterte Weggefährtin. Die Großmutter brachte ihn, besorgt um seine Zukunft, zu den Schwestern, und die nahmen ihn in *Shishu Bavan* auf. Er machte einen guten Schulabschluß, studierte und wurde später Priester. Als er noch klein war, fragte ihn die *Mataji* bei verschiedenen Gelegenheiten, was er denn werden wolle. Daraufhin sah er sie jedesmal in einer Mischung aus Respekt und Verliebtheit an und sagte voller Überzeugung: „Ich will Mutter Teresa werden!" – Heilige sterben nie.

„Laßt uns alle zusammen Gott danken für diese wundervolle Gelegenheit, gemeinsam die Freude auszudrücken, daß wir Frieden verbreiten, die Freude, daß wir einander lieben und daß wir ihn lieben, daß die Ärmsten der Armen unsere Brüder und Schwestern sind. […]
Wie müssen wir lieben? Lieben, indem wir geben; denn Gott gab uns seinen Sohn. Der gab sein Leben für uns, und Er fährt fort zu geben; Er gibt hier, überall, in unserem eigenen Leben und im Leben anderer. Es war für Ihn nicht genug, für uns zu sterben, Er wollte, daß wir einander lieben, daß wir Ihn im anderen sehen.
Und um sicher zu sein, daß wir verstehen, was wir brauchen, sagte Er, in der Stunde des Todes würden wir danach gerichtet werden, was wir für die Armen, die Hungrigen, Nackten, Heimatlosen gewesen sind. Er machte sich selbst zum Hungrigen, Nackten, Heimatlosen – hungrig nicht nur nach Brot, sondern nach Liebe; nackt nicht nur ohne ein Stück Stoff, sondern nackt ohne menschliche Würde; heimatlos nicht nur, weil er kein Zuhause hat, sondern heimatlos, weil er vergessen ist, ungeliebt, nicht umsorgt, für niemanden liebenswert. Und Er sagte: ‚Was ihr dem Geringsten meiner Brüder getan habt, das habt ihr mir getan.'

Heute, da ich diesen großen Preis erhalte – ich persönlich bin äußerst unwürdig –, bin ich glücklich wegen unserer Armen, glücklich, daß ich die Armen verstehen kann, genau gesagt: die Armut unserer Leute. Ich bin dankbar und sehr glücklich, ihn im Namen der Hungrigen, der Nackten, der Heimatlosen, der Krüppel, der Blinden, der Leprakranken zu erhalten. Im Namen all derer, die sich unerwünscht, ungeliebt, nicht umsorgt fühlen, die aus der Gesellschaft ausgestoßen sind, die eine Last für die Gesellschaft und von allem ausgeschlossen sind. Ich nehme den Preis in ihrem Namen an und bin sicher, dieser Preis wird eine neue verstehende Liebe zwischen den Reichen und den Armen bringen. […]

Ich vergesse nie, wie ich einst einen Mann von der Straße auflas. Er war mit Maden bedeckt. Sein Gesicht war die einzige Stelle, die sauber war. Ich brachte den Mann ins Heim für Sterbende, und er sagte nur einen Satz: ‚Ich habe wie ein Tier auf der Straße gelebt, aber nun werde ich wie ein Engel sterben, geliebt und umsorgt.' Und er starb wunderschön. Er ging heim zu Gott. Der Tod ist nichts anderes als ein Heimgang zu Gott. Ich spürte, er erfreute sich an dieser Liebe, daß er erwünscht war, geliebt, daß er für jemanden jemand war.

Ich habe eine Überzeugung, die ich Ihnen allen mitteilen möchte: Der größte Zerstörer des Friedens ist heute der Schrei des unschuldigen, ungeborenen Kindes. Wenn eine Mutter ihr eigenes Kind in ihrem eigenen Schoß ermorden kann, was für ein schlimmeres Verbrechen gibt es dann noch, als wenn wir uns gegenseitig umbringen. Sogar in der Heiligen Schrift steht: ‚Selbst wenn eine Mutter ihr Kind vergessen könnte, ich vergesse es nicht.' Aber heute werden Millionen ungeborener Kinder getötet, und wir sagen nichts. In den Zeitungen lesen wir dieses und jenes, aber niemand spricht von den Millionen von Kleinen, die empfangen wurden mit der gleichen Liebe wie Sie und ich, mit dem Leben Gottes. Und wir sagen nichts, wir sind stumm.
Für mich sind die Nationen, die Abtreibung legalisiert haben, die ärmsten Länder. Sie fürchten die Kleinen, sie fürchten das ungeborene Kind. Und das Kind muß sterben, weil sie dies eine Kind nicht mehr haben wollen – nicht ein Kind mehr – und das Kind muß sterben. […]

Wir bekämpfen Abtreibung mit Adoption. Mit Gottes Gnade werden wir es schaffen. Gott segnet unsere Arbeit. Wir haben Tausende von Kindern gerettet, sie haben ein Heim gefunden, in dem sie geliebt werden, wo sie erwünscht sind, wohin sie Freude gebracht haben.
Deshalb fordere ich Sie heute auf, Majestäten, Exzellenzen, meine Damen und Herren, Sie alle, die aus vielen Ländern der Erde gekommen sind: Beten Sie, daß wir den Mut haben haben mögen, das ungeborene Leben zu schützen. Hier in Norwegen haben wir nun die Gelegenheit, dafür einzutreten. [...]

Ich vergesse nie ein kleines Kind, einen Hindujungen von vier Jahren. Er hatte irgendwie gehört: ‚Mutter Teresa hat keinen Zucker für ihre Kinder.' Er ging nach Hause zu seinen Eltern und sagte: ‚Ich will drei Tage lang keinen Zucker essen, ich schenke ihn Mutter Teresa.' Nach drei Tagen mußten seine Eltern ihn zu mir bringen, und er schenkte mir ein kleines Gläschen Zucker. Wie sehr liebte das kleine Kind! Es liebte, bis es weh tat. Vergessen Sie nicht, daß es viele Kinder, viele Frauen, viele Männer auf dieser Welt gibt, die das nicht haben, was Sie haben, und denken Sie daran, daß Sie auch diese lieben, bis es weh tut.

Vor einiger Zeit las ich ein Kind von der Straße auf, in dessen Gesicht ich sehen konnte, daß es hungrig war. Ich weiß nicht, wie viele Tage es nichts zu essen gebabt hatte. Ich gab ihm ein Stück Brot, und das Kleine aß Krume um Krume. Ich sagte dem Kind: ‚Nun iß doch das Brot!' Da sah das Kind mich groß an und sagte: ‚Ich habe Angst, das Brot zu essen. Ich fürchte, wenn es zu Ende ist, werde ich wieder hungrig sein!'
Die Größe der Armen ist eine Realität. Eines Tages kam ein Herr zu mir und sagte: ‚Dort lebt eine Hindufamilie mit acht Kindern, die schon lange Zeit hungern.' Ich nahm Reis und brachte ihn dorthin. Ihre Augen glänzten vor Hunger! Während ich noch dort war, teilte die Mutter den Reis und ging mit einer Hälfte hinaus. Als sie zurückkam, fragte ich sie,

was sie getan habe. Sie antwortete: ‚Sie sind auch hungrig.' Sie wußte, daß ihre Nachbarn, eine Moslemfamilie, auch hungrig waren. Was mich am meisten erstaunte, war nicht, daß sie den Nachbarn etwas mitgab, sondern daß sie in ihrem Leiden, in ihrem Hunger wußte, daß noch jemand hungrig war. Sie hatte den Mut, zu teilen und die Liebe zu teilen.

Dies ist es, was ich von Ihnen wünsche: Lieben Sie die Armen, und wenden Sie ihnen nicht den Rücken zu; denn wenn Sie den Armen den Rücken zuwenden, dann wenden Sie ihn Christus zu. […]
Wenn wir den ganzen Tag gäben, das ganze Leben lang, so würden wir überrascht sein an jenem schönen Tag, an dem die Menschen teilen und sich darüber freuen. […]
Gott segne Sie!"

Aus der Ansprache Mutter Teresas zur Verleihung des Friedensnobelpreises 1979

Papst Johannes Paul II. über Mutter Teresa

Ansprache beim Angelusgebet in Castel Gandolfo am 7. September 1997

Liebe Brüder und Schwestern!

1. In diesem Moment des Gebets liegt es mir am Herzen, unserer lieben Schwester Mutter Teresa von Kalkutta zu gedenken, die vor zwei Tagen ihren langen Erdenweg beendet hat.

Ich hatte häufig die Gelegenheit, sie zu treffen, und in meiner Erinnerung ist ihre kleine, von einem Leben im Dienst an den Ärmsten unter den Armen gebeugte Gestalt lebendig, die von einer unerschöpflichen inneren Kraft erfüllt war: der Kraft der Liebe Christi.

Missionarin der Nächstenliebe: Ihre Mission begann jeden Tag, noch vor dem Morgengrauen, vor der Eucharistie. In schweigender Betrachtung hörte Mutter Teresa von Kalkutta in sich den Ruf Jesu am Kreuz: „Ich habe Durst". Dieser Ruf, den sie tief in ihrem Herzen aufnahm, drängte sie auf die Straßen Kalkuttas und alle Außenbezirke der Welt, um Jesus in den Armen, in den Verlassenen und in den Sterbenden zu suchen.

2. Liebe Brüder und Schwestern, diese Ordensfrau, die auf der ganzen Welt als Mutter der Armen betrachtet wird, gibt allen, Gläubigen wie Nicht-Gläubigen, ein beredtes Beispiel. Sie hinterläßt uns das Zeugnis der Liebe Gottes, die, von ihr empfangen, ihr Leben in vollkommene Hingabe für ihre Mitmenschen verwandelt hat. Sie hinterläßt uns das Zeugnis der Betrachtung, die Liebe wird, und der Liebe, die Betrachtung

wird. Ihre Taten sprechen für sich und bezeugen den Menschen unserer Zeit die tiefe Bedeutung des Lebens, die sich leider häufig zu verlieren scheint.

Sie wiederholte gerne: „Den Armen dienen, um dem Leben zu dienen“. Mutter Teresa verlor keine Gelegenheit, um auf jede Art und Weise die Liebe für das Leben zu bezeugen. Sie wußte aus Erfahrung, daß das Leben selbst inmitten von Schwierigkeiten und Mühsal dann seinen vollen Wert erhält, wenn es Liebe erfährt. Dem Evangelium folgend, hat sie sich zum „guten Samariter“ jeder Person gemacht, der sie begegnet ist, zum „guten Samariter“ jeder notleidenden, kranken und verachteten Existenz.

3. In dem großen Herzen von Mutter Teresa war ein besonderer Platz für die Familie reserviert. „Eine Familie, die betet“, sagte sie aus Anlaß des ersten Weltfamilientreffens, „ist eine glückliche Familie“. Auch heute noch behalten die Worte dieser unvergeßlichen Mutter der Armen ihre unveränderte Kraft.

„In der Familie“, erklärte sie, „liebt man sich, wie Gott liebt: Es ist eine Liebe des Miteinander-Teilens. In der Familie erfährt man, die Freude zu lieben und sich gegenseitig zu lieben. In der Familie muß man lernen, gemeinsam zu beten. Die Frucht des Gebets ist der Glaube, die Frucht des Glaubens ist die Liebe, die Frucht der Liebe ist das Dienen, und die Frucht des Dienens ist der Friede.“ […]

Während wir dem Herrn die hochherzige Seele dieser demütigen und gläubigen Ordensfrau anvertrauen, bitten wir die heilige Jungfrau Maria um Beistand und Trost für ihre Mitschwestern und für alle auf der ganzen Welt, die sie gekannt und geliebt haben.

(Übersetzung von Claudia Reimüller in der Deutschen Tagespost vom 9. 9. 1997)

Der indische Ministerpräsident I. K. Gujral im Gebet vor der aufgebahrten Mutter Teresa